Suhrkamp BasisBibliothek 2

Diese Ausgabe der »Suhrkamp BasisBibliothek – Arbeitstexte für Schule und Studium« bietet Hermann Hesses *Siddhartha* zusammen mit einem fundierten Kommentar, der die biografischen, literaturgeschichtlichen und kulturhistorischen Bezüge dieser »indischen Dichtung« erschließt, die zu den meistgelesenen Werken dieses Jahrhunderts gehört.
Der Kommentar zeichnet nicht nur anhand von Selbstzeugnissen Hermann Hesses die Entstehungs- und Textgeschichte des *Siddhartha* nach, sondern dokumentiert auch die Wirkungsgeschichte, verschafft einen differenzierten Überblick über maßgebliche Deutungsansätze und liefert zahlreiche Wort- und Sacherläuterungen, die den philosophisch-religiösen Gehalt dieser Dichtung erhellen. Die Schreibweise des Kommentars entspricht den neuen Rechtschreibregeln.
Zu diesem Buch sind auch eine CD-ROM und ein Hörbuch im Cornelsen Verlag erschienen. Weitere Informationen erhalten Sie unter www.cornelsen.de.
Heribert Kuhn, geboren 1953, ist freier Publizist. Veröffentlichungen u. a. zu Max Frisch (SBB 24), Nobert Gstrein (SBB 61), Hermann Hesse (SBB 12, SBB 16, SBB 34, SBB 40, SBB 83), Franz Kafka (SBB 13, SBB 18), Adalbert Stifter (SBB 99) und Theodor Storm (SBB 9).

Der vorliegende Text folgt der Ausgabe:
Hermann Hesse, *Siddhartha. Eine indische Dichtung.*
suhrkamp taschenbuch 182.
Frankfurt am Main: Suhrkamp Verlag 1974.

14. Auflage 2026

Erste Auflage 1998
Originalausgabe
Suhrkamp BasisBibliothek 2

Satz: pagina GmbH, Tübingen
Druck: CPI books GmbH, Leck
Umschlaggestaltung: Hermann Michels und Regina Göllner
Printed in EU
ISBN 978-3-518-18802-6

Suhrkamp Verlag GmbH
Torstraße 44, 10119 Berlin
info@suhrkamp.de
www.suhrkamp.de

Hermann Hesse
Siddhartha

Eine indische Dichtung

Mit einem Kommentar
von Heribert Kuhn

Suhrkamp

Inhalt

Erster Teil

Lieber, verehrter ⌜Romain Rolland⌝!

Seit dem Herbst des Jahres 1914, da die seit kurzem eingebrochene Atemnot der Geistigkeit auch mir plötzlich spürbar wurde, und wir einander von fremden Ufern her die Hand gaben, im Glauben an dieselben übernationalen Notwendigkeiten, seither habe ich den Wunsch gehabt, Ihnen einmal ein Zeichen meiner Liebe und zugleich eine Probe meines Tuns und einen Blick in meine Gedankenwelt zu geben. Nehmen Sie die Widmung des ersten Teiles meiner noch unvollendeten indischen Dichtung freundlichst entgegen von Ihrem

Hermann Hesse

Der Sohn des ⌜Brahmanen⌝

Im Schatten des Hauses, in der Sonne des Flußufers bei den Booten, im Schatten des ⌜Salwaldes⌝, im Schatten des Feigenbaumes wuchs ⌜Siddhartha⌝ auf, der schöne Sohn des Brahmanen, der junge Falke, zusammen mit ⌜Govinda⌝, seinem Freunde, dem Brahmanensohn. Sonne bräunte seine lichten Schultern am Flußufer, beim Bade, bei den heiligen Waschungen, bei den heiligen Opfern. Schatten floß in seine schwarzen Augen im Mangohain, bei den Knabenspielen, beim Gesang der Mutter, bei den heiligen Opfern, bei den Lehren seines Vaters, des Gelehrten, beim Gespräch der Weisen. Lange schon nahm Siddhartha am Gespräch der Weisen teil, übte sich mit Govinda im Redekampf, übte sich mit Govinda in der Kunst der Betrachtung, im Dienst der Versenkung. Schon verstand er, lautlos das ⌜Om⌝ zu sprechen, das Wort der Worte, es lautlos in sich hinein zu sprechen mit dem Einhauch, es lautlos aus sich heraus zu sprechen mit dem Aushauch, mit gesammelter Seele, die Stirn umgeben vom Glanz des klardenkenden Geistes. Schon verstand er, im Innern seines Wesens ⌜Atman⌝ zu wissen, unzerstörbar, eins mit dem Weltall.

Freude sprang in seines Vaters Herzen über den Sohn, den Gelehrigen, den Wissensdurstigen, einen großen Weisen und Priester sah er in ihm heranwachsen, einen Fürsten unter den Brahmanen.

Wonne sprang in seiner Mutter Brust, wenn sie ihn sah, wenn sie ihn schreiten, wenn sie ihn niedersitzen und aufstehen sah, Siddhartha, den Starken, den Schönen, den auf schlanken Beinen Schreitenden, den mit vollkommenem Anstand sie Begrüßenden.

Liebe rührte sich in den Herzen der jungen Brahmanentöchter, wenn Siddhartha durch die Gassen der Stadt ging, mit der leuchtenden Stirn, mit dem Königsauge, mit den schmalen Hüften.

Mehr als sie alle aber liebte ihn Govinda, sein Freund, der Brahmanensohn. Er liebte Siddharthas Auge und holde Stimme, er liebte seinen Gang und den vollkommenen Anstand seiner Bewegungen, er liebte alles, was Siddhartha tat und sagte, und am meisten liebte er seinen Geist, seine hohen, feurigen Gedanken, seinen glühenden Willen, seine hohe Berufung. Govinda wußte: dieser wird kein gemeiner Brahmane werden, kein fauler Opferbeamter, kein habgieriger Händler mit Zaubersprüchen, kein eitler, leerer Redner, kein böser, hinterlistiger Priester, und auch kein gutes, dummes Schaf in der Herde der Vielen. Nein, und auch er, Govinda, wollte kein solcher werden, kein Brahmane, wie es zehntausend gibt. Er wollte Siddhartha folgen, dem Geliebten, dem Herrlichen. Und wenn Siddhartha einstmals ein Gott würde, wenn er einstmals eingehen würde zu den Strahlenden, dann wollte Govinda ihm folgen, als sein Freund, als sein Begleiter, als sein Diener, als sein Speerträger, sein Schatten.

So liebten den Siddhartha alle. Allen schuf er Freude, allen war er zur Lust.

Er aber, Siddhartha, schuf sich nicht Freude, er war sich nicht zur Lust. Wandelnd auf den rosigen Wegen des Feigengartens, sitzend im bläulichen Schatten des Hains der Betrachtung, waschend seine Glieder im täglichen Sühnebad, opfernd im tiefschattigen Mangowald, von vollkommenem Anstand der Gebärden, von allen geliebt, aller Freude, trug er doch keine Freude im Herzen. Träume kamen ihm und rastlose Gedanken aus dem Wasser des Flusses geflossen, aus den Sternen der Nacht gefunkelt, aus den Strahlen der Sonne geschmolzen, Träume kamen ihm und Ruhelosigkeit der Seele, aus den Opfern geraucht, aus den Versen der Rig-Veda gehaucht, aus den Lehren der alten Brahmanen geträufelt.

Siddhartha hatte begonnen, Unzufriedenheit in sich zu nähren. Er hatte begonnen zu fühlen, daß die Liebe seines

Vaters, und die Liebe seiner Mutter, und auch die Liebe seines Freundes, Govindas, nicht immer und für alle Zeit ihn beglücken, ihn stillen, ihn sättigen, ihm genügen werde. Er hatte begonnen zu ahnen, daß sein ehrwürdiger Vater und seine anderen Lehrer, daß die weisen Brahmanen ihm von ihrer Weisheit das meiste und beste schon mitgeteilt, daß sie ihre Fülle schon in sein wartendes Gefäß gegossen hätten, und das Gefäß war nicht voll, der Geist war nicht begnügt, die Seele war nicht ruhig, das Herz nicht gestillt. Die Waschungen waren gut, aber sie waren Wasser, sie wuschen nicht Sünde ab, sie heilten nicht Geistesdurst, sie lösten nicht Herzensangst. Vortrefflich waren die Opfer und die Anrufung der Götter – aber war dies alles? Gaben die Opfer Glück? Und wie war das mit den Göttern? War es wirklich Prajapati, der die Welt erschaffen hat? War es nicht der Atman, Er, der Einzige, der All-Eine? Waren nicht die Götter Gestaltungen, erschaffen wie ich und du, der Zeit untertan, vergänglich? War es also gut, war es richtig, war es ein sinnvolles und höchstes Tun, den Göttern zu opfern? Wem anders war zu opfern, wem anders war Verehrung darzubringen als Ihm, dem Einzigen, dem Atman? Und wo war Atman zu finden, wo wohnte Er, wo schlug Sein ewiges Herz, wo anders als im eigenen Ich, im Innersten, im Unzerstörbaren, das ein jeder in sich trug? Aber wo, wo war dies Ich, dies Innerste, dies Letzte? Es war nicht Fleisch und Bein, es war nicht Denken noch Bewußtsein, so lehrten die Weisesten. Wo, wo also war es? Dorthin zu dringen, zum Ich, zu mir, zum Atman – gab es einen andern Weg, den zu suchen sich lohnte? Ach, und niemand zeigte diesen Weg, niemand wußte ihn, nicht der Vater, nicht die Lehrer und Weisen, nicht die heiligen Opfergesänge! Alles wußten sie, die Brahmanen und ihre heiligen Bücher, alles wußten sie, um alles hatten sie sich gekümmert und um mehr als alles, die Erschaffung der Welt, das Entstehen der Rede, der Speise, des Einatmens, des Ausatmens, die Ordnungen der Sinne, die Taten der Götter – unendlich vieles wußten sie –, aber war es wertvoll, dies alles zu wissen, wenn man das Eine und Einzige nicht wußte, das Wichtigste, das allein Wichtige?⌝ Gewiß, viele Verse der heiligen Bücher, zumal in den ⌜Upanishaden⌝ des ⌜Samaveda⌝, sprachen von diesem Innersten und Letzten, herrliche Verse. »Deine Seele ist die ganze Welt«, stand da geschrieben, und geschrieben stand, daß der Mensch im Schlafe, im Tiefschlaf, zu seinem Innersten eingehe und im Atman wohne. Wunderbare Weisheit stand in diesen Versen, alles Wissen der Weisesten stand hier in magischen Worten gesammelt, rein wie von Bienen gesammelter Honig. Nein, nicht geringzuachten war das Ungeheure an Erkenntnis, das hier von unzählbaren Geschlechterfolgen weiser Brahmanen gesammelt und bewahrt lag. – Aber wo waren die Brahmanen, wo die Priester, wo die Weisen oder Büßer, denen es gelungen war, dieses tiefste Wissen nicht bloß zu wissen, sondern zu leben? Wo war der Kundige, der das Daheimsein im Atman aus dem Schlafe herüberzauberte ins Wachsein, in das Leben, in Schritt und Tritt, in Wort und Tat? Viele ehrwürdige Brahmanen kannte Siddhartha, seinen Vater vor allen, den Reinen, den Gelehrten, den höchst Ehrwürdigen. Zu bewundern war sein Vater, still und edel war sein Gehaben, rein sein Leben, weise sein Wort, feine und adlige Gedanken wohnten in seiner Stirn – aber auch er, der so viel Wissende, lebte er denn in Seligkeit, hatte er Frieden, war er nicht auch nur ein Suchender, ein Dürstender? Mußte er nicht immer und immer wieder an heiligen Quellen, ein Durstender, trinken, am Opfer, an den Büchern, an der Wechselrede der Brahmanen? Warum mußte er, der Untadelige, jeden Tag Sünde abwaschen, jeden Tag sich um Reinigung mühen, jeden Tag von neuem? War denn nicht Atman in ihm, floß denn nicht in seinem eigenen Herzen der Urquell? Ihn mußte man finden, den Urquell im eigenen Ich, ihn mußte man zu eigen haben! Alles andre war Suchen, war Umweg, war Verirrung.

So waren Siddharthas Gedanken, dies war sein Durst, dies sein Leiden.

Oft sprach er aus einem ⌜Chandogya-Upanishad⌝ sich die Worte vor: »Fürwahr, der Name des Brahman ist ⌜Satyam⌝ – wahrlich, wer solches weiß, der geht täglich ein in die himmlische Welt.« Oft schien sie nahe, die himmlische Welt, aber niemals hatte er sie ganz erreicht, nie den letzten Durst gelöscht. Und von allen Weisen und Weisesten, die er kannte und deren Belehrung er genoß, von ihnen allen war keiner, der sie ganz erreicht hatte, die himmlische Welt, der ihn ganz gelöscht hatte, den ewigen Durst.

»Govinda«, sprach Siddhartha zu seinem Freunde, »Govinda, Lieber, komm mit mir unter den Banyanenbaum*, wir wollen der Versenkung pflegen.«

ostindischer Feigenbaum

Sie gingen zum Banyanenbaum, sie setzten sich nieder, hier Siddhartha, zwanzig Schritte weiter Govinda. Indem er sich niedersetzte, bereit, das Om zu sprechen, wiederholte Siddhartha murmelnd den Vers:

> ⌜»Om ist Bogen, der Pfeil ist Seele,
> Das ⌜Brahman⌝ ist des Pfeiles Ziel,
> Das soll man unentwegt treffen.«⌝

Als die gewohnte Zeit der Versenkungsübung hingegangen war, erhob sich Govinda. Der Abend war gekommen, Zeit war es, die Waschung der Abendstunde vorzunehmen. Er rief Siddharthas Namen. Siddhartha gab nicht Antwort. Siddhartha saß versunken, seine Augen standen starr auf ein sehr fernes Ziel gerichtet, seine Zungenspitze stand ein wenig zwischen den Zähnen hervor, er schien nicht zu atmen. So saß er, in Versenkung gehüllt, Om denkend, seine Seele als Pfeil nach dem Brahman ausgesandt.

wandernde Bettelmönche

Einst waren Samanas* durch Siddharthas Stadt gezogen,

pilgernde Asketen, drei dürre, erloschene Männer, nicht alt noch jung, mit staubigen und blutigen Schultern, nahezu nackt, von der Sonne versengt, von Einsamkeit umgeben, fremd und feind der Welt, Fremdlinge und hagere Schakale im Reich der Menschen. Hinter ihnen her wehte heiß ein Duft von stiller Leidenschaft, von zerstörendem Dienst, von mitleidloser Entselbstung.

Am Abend, nach der Stunde der Betrachtung, sprach Siddhartha zu Govinda: »Morgen in der Frühe, mein Freund, wird Siddhartha zu den Samanas gehen. Er wird ein Samana werden.«

Govinda erbleichte, da er die Worte hörte und im unbewegten Gesicht seines Freundes den Entschluß las, vgl. 13.21 unablenkbar wie der vom Bogen losgeschnellte Pfeil*. Alsbald und beim ersten Blick erkannte Govinda: nun beginnt es, nun geht Siddhartha seinen Weg, nun beginnt sein Schicksal zu sprossen, und mit seinem das meine. Und er wurde bleich wie eine trockene Bananenschale.

»O Siddhartha«, rief er, »wird das dein Vater dir erlauben?«

Siddhartha blickte herüber wie ein Erwachender. Pfeilschnell las er in Govindas Seele, las die Angst, las die Ergebung.

»O Govinda«, sprach er leise, »wir wollen nicht Worte verschwenden. Morgen mit Tagesanbruch werde ich das Leben der Samanas beginnen. Rede nicht mehr davon.«

Siddhartha trat in die Kammer, wo sein Vater auf einer Matte aus Bast saß, und trat hinter seinen Vater und blieb da stehen, bis sein Vater fühlte, daß einer hinter ihm stehe. Sprach der Brahmane: »Bist du es, Siddhartha? So sage, was zu sagen du gekommen bist.«

Sprach Siddhartha: »Mit deiner Erlaubnis, mein Vater. Ich bin gekommen, dir zu sagen, daß mich verlangt, morgen dein Haus zu verlassen und zu den Asketen zu gehen. Ein Samana zu werden, ist mein Verlangen. Möge mein Vater dem nicht entgegen sein.«

Der Brahmane schwieg, und schwieg so lange, daß im kleinen Fenster die Sterne wanderten und ihre Figur veränderten, ehe das Schweigen in der Kammer ein Ende fand. Stumm und regungslos stand mit gekreuzten Armen der Sohn, stumm und regungslos saß auf der Matte der Vater, und die Sterne zogen am Himmel. Da sprach der Vater: »Nicht ziemt es dem Brahmanen, heftige und zornige Worte zu reden. Aber Unwille bewegt sein Herz. Nicht möchte ich diese Bitte zum zweiten Male aus deinem Munde hören.«

Langsam erhob sich der Brahmane, Siddhartha stand stumm mit gekreuzten Armen.

»Worauf wartest du?« fragte der Vater.

Sprach Siddhartha: »Du weißt es.«

Unwillig ging der Vater aus der Kammer, unwillig suchte er sein Lager auf und legte sich nieder.

Nach einer Stunde, da kein Schlaf in seine Augen kam, stand der Brahmane auf, tat Schritte hin und her, trat aus dem Hause. Durch das kleine Fenster der Kammer blickte er hinein, da sah er Siddhartha stehen, mit gekreuzten Armen, unverrückt. Bleich schimmerte sein helles Obergewand. Unruhe im Herzen, kehrte der Vater zu seinem Lager zurück.

Nach einer Stunde, da kein Schlaf in seine Augen kam, stand der Brahmane von neuem auf, tat Schritte hin und her, trat vor das Haus, sah den Mond aufgegangen. Durch das Fenster der Kammer blickte er hinein, da stand Siddhartha, unverrückt, mit gekreuzten Armen, an seinen bloßen Schienbeinen spiegelte das Mondlicht. Besorgnis im Herzen, suchte der Vater sein Lager auf.

Und er kam wieder nach einer Stunde, und kam wieder nach zweien Stunden, blickte durchs kleine Fenster, sah Siddhartha stehen, im Mond, im Sternenschein, in der Finsternis. Und kam wieder von Stunde zu Stunde, schweigend, blickte in die Kammer, sah den unverrückt Stehenden, füllte sein Herz mit Zorn, füllte sein Herz mit Unruhe, füllte sein Herz mit Zagen, füllte es mit Leid.

Und in der letzten Nachtstunde, ehe der Tag begann, kehrte er wieder, trat in die Kammer, sah den Jüngling stehen, der ihm groß und wie fremd erschien.

»Siddhartha«, sprach er, »worauf wartest du?«

»Du weißt es.«

»Wirst du immer so stehen und warten, bis es Tag wird, Mittag wird, Abend wird?«

»Ich werde stehen und warten.«

»Du wirst müde werden, Siddhartha.«

»Ich werde müde werden.«

»Du wirst einschlafen, Siddhartha.«

»Ich werde nicht einschlafen.«

»Du wirst sterben, Siddhartha.«

»Ich werde sterben.«

»Und willst lieber sterben, als deinem Vater gehorchen?«

»Siddhartha hat immer seinem Vater gehorcht.«

»So willst du dein Vorhaben aufgeben?«

»Siddhartha wird tun, was sein Vater ihm sagen wird.«

Der erste Schein des Tages fiel in die Kammer. Der Brahmane sah, daß Siddhartha in den Knien leise zitterte. In Siddharthas Gesicht sah er kein Zittern, fernhin blickten die Augen. Da erkannte der Vater, daß Siddhartha schon jetzt nicht mehr bei ihm und in der Heimat weile, daß er ihn schon jetzt verlassen habe.

Der Vater berührte Siddharthas Schulter.

»Du wirst«, sprach er, »in den Wald gehen und ein Samana sein. Hast du Seligkeit gefunden im Walde, so komm und lehre mich Seligkeit. Findest du Enttäuschung, dann kehre wieder und laß uns wieder gemeinsam den Göttern opfern. Nun gehe und küsse deine Mutter, sage ihr, wohin du gehst. Für mich aber ist es Zeit, an den Fluß zu gehen und die erste Waschung vorzunehmen.«

Er nahm die Hand von der Schulter seines Sohnes und ging

hinaus. Siddhartha schwankte zur Seite, als er zu gehen versuchte. Er bezwang seine Glieder, verneigte sich vor seinem Vater und ging zur Mutter, um zu tun, wie der Vater gesagt hatte.

Als er im ersten Tageslicht langsam auf erstarrten Beinen die noch stille Stadt verließ, erhob sich bei der letzten Hütte ein Schatten, der dort gekauert war, und schloß sich dem Pilgernden an – Govinda.

»Du bist gekommen«, sagte Siddhartha und lächelte.

»Ich bin gekommen«, sagte Govinda.

Bei den Samanas

Am Abend dieses Tages holten sie die Asketen ein, die dürren Samanas, und boten ihnen Begleitschaft und Gehorsam an. Sie wurden angenommen.

Siddhartha schenkte sein Gewand einem armen Brahmanen auf der Straße. Er trug nur noch die Schambinde und den erdfarbenen ungenähten Überwurf. Er aß nur einmal am Tage, und niemals Gekochtes. Er fastete fünfzehn Tage. Er fastete achtundzwanzig Tage. Das Fleisch schwand ihm von Schenkeln und Wangen. Heiße Träume flackerten aus seinen vergrößerten Augen, an seinen dorrenden Fingern wuchsen lang die Nägel und am Kinn der trockne, struppige Bart. Eisig wurde sein Blick, wenn er Weibern begegnete; sein Mund zuckte Verachtung, wenn er durch eine Stadt mit schön gekleideten Menschen ging. Er sah Händler handeln, Fürsten zur Jagd gehen, Leidtragende ihre Toten beweinen, Huren sich anbieten, Ärzte sich um Kranke bemühen, Priester den Tag für die Aussaat bestimmen, Liebende lieben, Mütter ihre Kinder stillen – und alles war nicht den Blick seines Auges wert, alles log, alles stank, alles stank nach Lüge, alles täuschte Sinn und Glück und Schönheit vor, und alles war uneingestandene Verwesung. Bitter schmeckte die Welt. Qual war das Leben.

Ein Ziel stand vor Siddhartha, ein einziges: leer werden, leer von Durst, leer von Wunsch, leer von Traum, leer von Freude und Leid. Von sich selbst wegsterben, nicht mehr Ich sein, entleerten Herzens Ruhe zu finden, im entselbsteten Denken dem Wunder offenzustehen, das war sein Ziel. Wenn alles Ich überwunden und gestorben war, wenn jede Sucht und jeder Trieb im Herzen schwieg, dann mußte das Letzte erwachen, das Innerste im Wesen, das nicht mehr Ich ist, das große Geheimnis.

Schweigend stand Siddhartha im senkrechten Sonnenbrand, glühend vor Schmerz, glühend vor Durst, und stand, bis er nicht Schmerz noch Durst mehr fühlte. Schweigend stand er in der Regenzeit, aus seinem Haare troff das Wasser über frierende Schultern, über frierende Hüften und Beine, und der Büßer stand, bis Schultern und Beine nicht mehr froren, bis sie schwiegen, bis sie still waren. Schweigend kauerte er im Dorngerank, aus der brennenden Haut tropfte das Blut, aus Schwären der Eiter, und Siddhartha verweilte starr, verweilte regungslos, bis kein Blut mehr floß, bis nichts mehr stach, bis nichts mehr brannte.

Siddhartha saß aufrecht und lernte den Atem sparen, lernte mit wenig Atem auskommen, lernte den Atem abzustellen. Er lernte, mit dem Atem beginnend, seinen Herzschlag beruhigen, lernte die Schläge seines Herzens vermindern, bis es wenige und fast keine mehr waren.

Vom Ältesten der Samanas belehrt, übte Siddhartha Entselbstung, übte Versenkung, nach neuen Samanaregeln. Ein Reiher flog überm Bambuswald – und Siddhartha nahm den Reiher in seine Seele auf, flog über Wald und Gebirg, war Reiher, fraß Fische, hungerte Reiherhunger, sprach Reihergekrächz, starb Reihertod. Ein toter Schakal lag am Sandufer, und Siddharthas Seele schlüpfte in den

Leichnam hinein, war toter Schakal, lag am Strande, blähte sich, stank, verweste, ward von Hyänen zerstückt, ward von Geiern enthäutet, ward Gerippe, ward Staub, wehte ins Gefild. Und Siddharthas Seele kehrte zurück, war gestorben, war verwest, war zerstäubt, hatte den trüben Rausch des Kreislaufs geschmeckt, harrte in neuem Durst wie ein Jäger auf die Lücke, wo dem Kreislauf zu entrinnen wäre, wo das Ende der Ursachen, wo leidlose Ewigkeit begänne. Er tötete seine Sinne, er tötete seine Erinnerung, er schlüpfte aus seinem Ich in tausend fremde Gestaltungen, war Tier, war Aas, war Stein, war Holz, war Wasser, und fand sich jedesmal erwachend wieder, Sonne schien oder Mond, war wieder Ich, schwang im Kreislauf, fühlte Durst, überwand den Durst, fühlte neuen Durst.

Vieles lernte Siddhartha bei den Samanas, viele Wege vom Ich hinweg lernte er gehen. Er ging den Weg der Entselbstung durch den Schmerz, durch das freiwillige Erleiden und Überwinden des Schmerzes, des Hungers, des Durstes, der Müdigkeit. Er ging den Weg der Entselbstung durch Meditation, durch das Leerdenken des Sinnes von allen Vorstellungen. Diese und andere Wege lernte er gehen, tausendmal verließ er sein Ich, stundenlang und tagelang verharrte er im Nicht-Ich. Aber ob auch die Wege vom Ich hinwegführten, ihr Ende führte doch immer zum Ich zurück. Ob Siddhartha tausendmal dem Ich entfloh, im Nichts verweilte, im Tier, im Stein verweilte, unvermeidlich war die Rückkehr, unentrinnbar die Stunde, da er sich wiederfand, im Sonnenschein oder im Mondschein, im Schatten oder im Regen, und wieder Ich und Siddhartha war, und wieder die Qual des auferlegten Kreislaufes empfand.

Neben ihm lebte Govinda, sein Schatten, ging dieselben Wege, unterzog sich denselben Bemühungen. Selten sprachen sie anderes miteinander, als der Dienst und die Übungen erforderten. Zuweilen gingen sie zu zweien durch die Dörfer, um Nahrung für sich und ihre Lehrer zu betteln.

»Wie denkst du, Govinda«, sprach einst auf diesem Bettelgang Siddhartha, »wie denkst du, sind wir weiter gekommen? Haben wir Ziele erreicht?«

Antwortete Govinda: »Wir haben gelernt, und wir lernen weiter. Du wirst ein großer Samana sein, Siddhartha. Schnell hast du jede Übung gelernt, oft haben die alten Samanas dich bewundert. Du wirst einst ein Heiliger sein, o Siddhartha.«

Sprach Siddhartha: »Mir will es nicht so erscheinen, mein Freund. Was ich bis zu diesem Tage bei den Samanas gelernt habe, das, o Govinda, hätte ich schneller und einfacher lernen können. In jeder Kneipe eines Hurenviertels, mein Freund, unter den Fuhrleuten und Würfelspielern hätte ich es lernen können.«

Sprach Govinda: »Siddhartha macht sich einen Scherz mit mir. Wie hättest du Versenkung, wie hättest du Anhalten des Atems, wie hättest du Unempfindsamkeit gegen Hunger und Schmerz dort bei jenen Elenden lernen sollen?«

Und Siddhartha sagte leise, als spräche er zu sich selber: »Was ist Versenkung? Was ist Verlassen des Körpers? Was ist Fasten? Was ist Anhalten des Atems? Es ist Flucht vor dem Ich, es ist ein kurzes Entrinnen aus der Qual des Ichseins, es ist eine kurze Betäubung gegen den Schmerz und die Unsinnigkeit des Lebens. Dieselbe Flucht, dieselbe kurze Betäubung findet der Ochsentreiber in der Herberge, wenn er einige Schalen Reiswein trinkt oder gegorene Kokosmilch. Dann fühlt er sein Selbst nicht mehr, dann fühlt er die Schmerzen des Lebens nicht mehr, dann findet er kurze Betäubung. Er findet, über seiner Schale mit Reiswein eingeschlummert, dasselbe, was Siddhartha und Govinda finden, wenn sie in langen Übungen aus ihrem Körper entweichen, im Nicht-Ich verweilen. So ist es, o Govinda.«

Sprach Govinda: »So sagst du, o Freund, und weißt doch, daß Siddhartha kein Ochsentreiber ist und ein Samana kein Trunkenbold. Wohl findet der Trinker Betäubung, wohl findet er kurze Flucht und Rast, aber er kehrt zurück aus dem Wahn und findet alles beim alten, ist nicht weiser geworden, hat nicht Erkenntnis gesammelt, ist nicht um Stufen höher gestiegen.«

Und Siddhartha sprach mit Lächeln: »Ich weiß es nicht, ich bin nie ein Trinker gewesen. Aber daß ich, Siddhartha, in meinen Übungen und Versenkungen nur kurze Betäubung finde und ebenso weit von der Weisheit, von der Erlösung entfernt bin wie als Kind im Mutterleibe, das weiß ich, o Govinda, das weiß ich.«

Und wieder ein anderes Mal, da Siddhartha mit Govinda den Wald verließ, um im Dorfe etwas Nahrung für ihre Brüder und Lehrer zu betteln, begann Siddhartha zu sprechen und sagte: »Wie nun, o Govinda, sind wir wohl auf dem rechten Wege? Nähern wir uns wohl der Erkenntnis? Nähern wir uns wohl der Erlösung? Oder gehen wir nicht vielleicht im Kreise – wir, die wir doch dem Kreislauf zu entrinnen dachten?«

Sprach Govinda: »Viel haben wir gelernt, Siddhartha, viel bleibt noch zu lernen. Wir gehen nicht im Kreise, wir gehen nach oben, der Kreis ist eine Spirale, manche Stufe sind wir schon gestiegen.«

Antwortete Siddhartha: »Wie alt wohl, meinst du, ist unser ältester Samana, unserer ehrwürdiger Lehrer?«

Sprach Govinda: »Vielleicht sechzig Jahre mag unser Ältester zählen.«

Und Siddhartha: »Sechzig Jahre ist er alt geworden und hat Nirwana nicht erreicht. Er wird siebzig werden und achtzig, und du und ich, wir werden ebenso alt werden und werden uns üben, und werden fasten, und werden meditieren. Aber Nirwana werden wir nicht erreichen, er nicht, wir nicht. O Govinda, ich glaube, von allen Samanas, die es gibt, wird vielleicht nicht einer, nicht einer Nirwana erreichen. Wir finden Tröstungen, wir finden Betäubungen, wir lernen Kunstfertigkeiten, mit denen wir uns täuschen. Das Wesentliche aber, den Weg der Wege, finden wir nicht.«

»Mögest du doch«, sprach Govinda, »nicht so erschreckende Worte aussprechen, Siddhartha! Wie sollte denn unter so vielen gelehrten Männern, unter so viel Brahmanen, unter so vielen strengen und ehrwürdigen Samanas, unter so viel suchenden, so viel innig beflissenen, so viel heiligen Männern keiner den Weg der Wege finden?«

Siddhartha aber sagte mit einer Stimme, welche so viel Trauer wie Spott enthielt, mit einer leisen, einer etwas traurigen, einer etwas spöttischen Stimme: »Bald, Govinda, wird dein Freund diesen Pfad der Samanas verlassen, den er so lang mit dir gegangen ist. Ich leide Durst, o Govinda, und auf diesem langen Samanawege ist mein Durst um nichts kleiner geworden. Immer habe ich nach Erkenntnis gedürstet, immer bin ich voll von Fragen gewesen. Ich habe die Brahmanen befragt, Jahr um Jahr, und habe die ⌜heiligen Vedas⌝ befragt, Jahr um Jahr. Vielleicht, o Govinda, wäre es ebenso gut, wäre es ebenso klug und ebenso heilsam gewesen, wenn ich den Nashornvogel oder den Schimpansen befragt hätte. Lange Zeit habe ich gebraucht und bin noch nicht damit zu Ende, um dies zu lernen, o Govinda: daß man nichts lernen kann! Es gibt, so glaube ich, in der Tat jenes Ding nicht, das wir ›Lernen‹ nennen. Es gibt, o mein Freund, nur ein Wissen, das ist überall, das ist Atman, das ist in mir und in dir und in jedem Wesen. Und so beginne ich zu glauben: dies Wissen hat keinen ärgeren Feind als das Wissenwollen, als das Lernen.«

Da blieb Govinda auf dem Wege stehen, erhob die Hände und sprach: »Mögest du, Siddhartha, deinen Freund doch nicht mit solchen Reden beängstigen! Wahrlich, Angst erwecken deine Worte in meinem Herzen. Und denke doch nur: wo bliebe die Heiligkeit der Gebete, wo bliebe die Ehrwürdigkeit des Brahmanenstandes, wo die Heiligkeit der Samanas, wenn es so wäre, wie du sagst, wenn es kein

Lernen gäbe?! Was, o Siddhartha, was würde dann aus alledem werden, was auf Erden heilig, was wertvoll, was ehrwürdig ist?!«

Und Govinda murmelte einen Vers vor sich hin, einen Vers aus einer Upanishad:

»Wer nachsinnend, geläuterten Geistes, in Atman sich versenkt,
Unaussprechlich durch Worte ist seines Herzens Seligkeit.«

Siddhartha aber schwieg. Er dachte der Worte, welche Govinda zu ihm gesagt hatte, und dachte die Worte bis an ihr Ende.

Ja, dachte er, gesenkten Hauptes stehend, was bliebe noch übrig von allem, was uns heilig schien? Was bleibt? Was bewährt sich? Und er schüttelte den Kopf.

Einstmals, als die beiden Jünglinge gegen drei Jahre bei den Samanas gelebt und ihre Übungen geteilt hatten, da erreichte sie auf mancherlei Wegen und Umwegen eine Kunde, ein Gerücht, eine Sage: einer sei erschienen, ⌜Gotama⌝ genannt, der Erhabene, der ⌜Buddha⌝, der habe in sich das Leid der Welt überwunden und das ⌜Rad der Wiedergeburten⌝ zum Stehen gebracht. Lehrend ziehe er, von Jüngern umgeben, durch das Land, besitzlos, heimatlos, weiblos, im gelben Mantel eines Asketen, aber mit heiterer Stirn, ein Seliger, und Brahmanen und Fürsten beugten sich vor ihm und würden seine Schüler.

Diese Sage, dies Gerücht, dies Märchen klang auf, duftete empor, hier und dort, in den Städten sprachen die Brahmanen davon, im Wald die Samanas, immer wieder drang der Name Gotamas, des Buddha, zu den Ohren der Jünglinge, im Guten und im Bösen, in Lobpreisung und in Schmähung.

Wie wenn in einem Lande die Pest herrscht, und es erhebt sich die Kunde, da und dort sei ein Mann, ein Weiser, ein

Kundiger, dessen Wort und Anhauch genüge, um jeden von der Seuche Befallenen zu heilen, und wie dann diese Kunde das Land durchläuft und jedermann davon spricht, viele glauben, viele zweifeln, viele aber sich alsbald auf den Weg machen, um den Weisen, den Helfer aufzusuchen, so durchlief das Land jene Sage, jene duftende Sage von Gotama, dem Buddha, dem Weisen aus dem Geschlecht der Sakya*. Ihm war, so sprachen die Gläubigen, höchste Erkenntnis zu eigen, er erinnerte sich seiner vormaligen Leben, er hatte Nirwana erreicht und kehrte nie mehr in den Kreislauf zurück, tauchte nie mehr in den trüben Strom der Gestaltungen unter. Vieles Herrliche und Unglaubliche wurde von ihm berichtet, er hatte Wunder getan, hatte den Teufel überwunden, hatte mit den Göttern gesprochen. Seine Feinde und Ungläubige aber sagten, dieser Gotama sei ein eitler Verführer, er bringe seine Tage in Wohlleben hin, verachte die Opfer, sei ohne Gelehrsamkeit und kenne weder Übung noch Kasteiung.

Sippenname Buddhas

Süß klang die Sage von Buddha, Zauber duftete aus diesen Berichten. Krank war ja die Welt, schwer zu ertragen war das Leben – und siehe, hier schien eine Quelle zu springen, hier schien ein Botenruf zu tönen, trostvoll, mild, edler Versprechungen voll. Überall, wohin das Gerücht vom Buddha erscholl, überall in den Ländern Indiens horchten die Jünglinge auf, fühlten Sehnsucht, fühlten Hoffnung, und unter den Brahmanensöhnen der Städte und Dörfer war jeder Pilger und Fremdling willkommen, wenn er Kunde von ihm, dem Erhabenen, dem Sakyamuni, brachte.

Auch zu den Samanas im Walde, auch zu Siddhartha, auch zu Govinda war die Sage gedrungen, langsam, in Tropfen, jeder Tropfen schwer von Hoffnung, jeder Tropfen schwer von Zweifel. Sie sprachen wenig davon, denn der Älteste der Samanas war kein Freund dieser Sage. Er hatte vernommen, daß jener angebliche Buddha vormals Asket gewesen und im Walde gelebt, sich dann aber zu Wohlleben und Weltlust zurückgewendet habe, und er hielt nichts von diesem Gotama.

»O Siddhartha«, sprach einst Govinda zu seinem Freunde. »Heute war ich im Dorf, und ein Brahmane lud mich ein, in sein Haus zu treten, und in seinem Hause war ein Brahmanensohn aus ⌜Magadha⌝, dieser hat mit seinen eigenen Augen den Buddha gesehen und hat ihn lehren hören. Wahrlich, da schmerzte mich der Atem in der Brust, und ich dachte bei mir: möchte doch auch ich, möchten doch auch wir beide, Siddhartha und ich, die Stunde erleben, da wir die Lehre aus dem Munde jenes Vollendeten vernehmen! Sprich, Freund, wollen wir nicht auch dorthin gehen und die Lehre aus dem Munde des Buddha anhören?«

Sprach Siddhartha: »Immer, o Govinda, hatte ich gedacht, Govinda würde bei den Samanas bleiben, immer hatte ich geglaubt, es wäre sein Ziel, sechzig und siebzig Jahre alt zu werden und immer weiter die Künste und Übungen zu treiben, welche den Samana zieren. Aber sieh, ich hatte Govinda zu wenig gekannt, wenig wußte ich von seinem Herzen. Nun also willst du, Teuerster, einen Pfad einschlagen und dorthin gehen, wo der Buddha seine Lehre verkündet.«

Sprach Govinda: »Dir beliebt es zu spotten. Mögest du immerhin spotten, Siddhartha! Ist aber nicht auch in dir ein Verlangen, eine Lust erwacht, diese Lehre zu hören? Und hast du nicht einst zu mir gesagt, nicht lange mehr werdest du den Weg der Samanas gehen?«

Da lachte Siddhartha, auf seine Weise, wobei der Ton seiner Stimme einen Schatten von Trauer und einen Schatten von Spott annahm, und sagte: »Wohl, Govinda, wohl hast du gesprochen, richtig hast du dich erinnert. Mögest du doch auch des andern dich erinnern, das du von mir gehört hast, daß ich nämlich mißtrauisch und müde gegen Lehre und Lernen geworden bin, und daß mein Glaube klein ist an Worte, die von Lehrern zu uns kommen. Aber wohlan,

Lieber, ich bin bereit, jene Lehre zu hören – obschon ich im Herzen glaube, daß wir die beste Frucht jener Lehre schon gekostet haben.«

Sprach Govinda: »Deine Bereitschaft erfreut mein Herz. Aber sage, wie sollte das möglich sein? Wie sollte die Lehre des Gotama, noch ehe wir sie vernommen, uns schon ihre beste Frucht erschlossen haben?«

Sprach Siddhartha: »Laß diese Frucht uns genießen und das weitere abwarten, o Govinda! Diese Frucht aber, die wir schon jetzt dem Gotama verdanken, besteht darin, daß er uns von den Samanas hinwegruft! Ob er uns noch anderes und Besseres zu geben hat, o Freund, darauf laß uns ruhigen Herzens warten.«

An diesem selben Tage gab Siddhartha dem Ältesten der Samanas seinen Entschluß zu wissen, daß er ihn verlassen wollte. Er gab ihn dem Ältesten zu wissen mit der Höflichkeit und Bescheidenheit, welche dem Jüngeren und Schüler ziemt. Der Samana aber geriet in Zorn, daß die beiden Jünglinge ihn verlassen wollten, und redete laut und brauchte grobe Schimpfworte.

Govinda erschrak und kam in Verlegenheit. Siddhartha aber neigte den Mund zu Govindas Ohr und flüsterte ihm zu: »Nun will ich dem Alten zeigen, daß ich etwas bei ihm gelernt habe.«

Indem er sich nahe vor dem Samana aufstellte, mit gesammelter Seele, fing er den Blick des Alten mit seinen Blicken ein, bannte ihn, machte ihn stumm, machte ihn willenlos, unterwarf ihn seinem Willen, befahl ihm, lautlos zu tun, was er von ihm verlangte. Der alte Mann wurde stumm, sein Auge wurde starr, sein Wille gelähmt, seine Arme hingen herab, machtlos war er Siddharthas Bezauberung erlegen. Siddharthas Gedanken aber bemächtigten sich des Samana, er mußte vollführen, was sie befahlen. Und so verneigte sich der Alte mehrmals, vollzog segnende Gebärden, sprach stammelnd einen frommen Reisewunsch. Und die Jünglinge erwiderten dankend die Verneigungen, erwiderten den Wunsch, zogen grüßend von dannen.

Unterwegs sagte Govinda: »O Siddhartha, du hast bei den Samanas mehr gelernt, als ich wußte. Es ist schwer, es ist sehr schwer, einen alten Samana zu bezaubern. Wahrlich, wärest du dort geblieben, du hättest bald gelernt, auf dem Wasser zu gehen.«

»Ich begehre nicht, auf dem Wasser zu gehen«, sagte Siddhartha. »Mögen alte Samanas mit solchen Künsten sich zufriedengeben.«

Gotama

In der Stadt ⌜Savathi⌝ kannte jedes Kind den Namen des Erhabenen Buddha, und jedes Haus war gerüstet, den Jüngern Gotamas, den schweigend Bittenden, die Almosenschale zu füllen. Nahe bei der Stadt lag Gotamas liebster Aufenthalt, der Hain ⌜Jetavana⌝, welchen der reiche Kaufherr Anathapindika, ein ergebener Verehrer des Erhabenen, ihm und den Seinen zum Geschenk gemacht hatte.

Nach dieser Gegend hatten die Erzählungen und Antworten hingewiesen, welche den beiden jungen Asketen auf der Suche nach Gotamas Aufenthalt zuteil wurden. Und da sie in Savathi ankamen, ward ihnen gleich im ersten Hause, vor dessen Tür sie bittend stehenblieben, Speise angeboten, und sie nahmen Speise an, und Siddhartha fragte die Frau, welche ihnen die Speise reichte:

»Gerne, du Mildtätige, gerne möchten wir erfahren, wo der Buddha weilt, der Ehrwürdigste, denn wir sind zwei Samanas aus dem Walde und sind gekommen, um ihn, den Vollendeten, zu sehen und die Lehre aus seinem Munde zu vernehmen.«

Sprach die Frau: »Am richtigen Orte wahrlich seid ihr hier abgestiegen, ihr Samanas aus dem Walde. Wisset, in Jetavana, im Garten Anathapindikas, weilt der Erhabene. Dort möget ihr, Pilger, die Nacht verbringen, denn genug Raum ist daselbst für die Unzähligen, die herbeiströmen, um aus seinem Munde die Lehre zu hören.«

Da freute sich Govinda, und voll Freude rief er: »Wohl denn, so ist unser Ziel erreicht und unser Weg zu Ende! Aber sage uns, du Mutter der Pilgernden, kennst du ihn, den Buddha, hast du ihn mit deinen Augen gesehen?«

Sprach die Frau: »Viele Male habe ich ihn gesehen, den Erhabenen. An vielen Tagen habe ich ihn gesehen, wie er durch die Gassen geht, schweigend, im gelben Mantel, wie er schweigend an den Haustüren seine Almosenschale darreicht, wie er die gefüllte Schale von dannen trägt.«

Entzückt lauschte Govinda und wollte noch vieles fragen und hören. Aber Siddhartha mahnte zum Weitergehen. Sie sagten Dank und gingen und brauchten kaum nach dem Wege zu fragen, denn nicht wenige Pilger und Mönche aus Gotamas Gemeinschaft waren nach dem Jetavana unterwegs. Und da sie in der Nacht dort anlangten, war daselbst ein beständiges Ankommen, Rufen und Reden von solchen, welche Herberge heischten* und bekamen. Die beiden Samanas, des Lebens im Walde gewohnt, fanden schnell und geräuschlos einen Unterschlupf und ruhten da bis zum Morgen.

um Herberge nachsuchten

Beim Aufgang der Sonne sahen sie mit Erstaunen, welch große Schar, Gläubige und Neugierige, hier genächtigt hatte. In allen Wegen des herrlichen Haines wandelten Mönche im gelben Gewand, unter den Bäumen saßen sie hier und dort, in Betrachtung versenkt oder im geistlichen Gespräch, wie eine Stadt waren die schattigen Gärten zu sehen, voll von Menschen wimmelnd wie Bienen. Die Mehrzahl der Mönche zog mit der Almosenschale aus, um in der Stadt Nahrung für die Mittagsmahlzeit, die einzige des

Tages, zu sammeln. Auch der Buddha selbst, der Erleuchtete, pflegte am Morgen den Bettelgang zu tun.

Siddhartha sah ihn, und er erkannte ihn alsbald, als hätte ihm ein Gott ihn gezeigt. Er sah ihn, einen schlichten Mann in gelber Kutte, die Almosenschale in der Hand tragend, still dahin gehen.

»Sieh hier!« sagte Siddhartha leise zu Govinda. »Dieser hier ist der Buddha.«

Aufmerksam blickte Govinda den Mönch in der gelben Kutte an, der sich in nichts von den Hunderten der Mönche zu unterscheiden schien. Und bald erkannte auch Govinda: dieser ist es. Und sie folgten ihm nach und betrachteten ihn.

Der Buddha ging seines Weges bescheiden und in Gedanken versunken, sein stilles Gesicht war weder fröhlich noch traurig, ⌜es schien leise nach innen zu lächeln⌝. Mit einem verborgenen Lächeln, still, ruhig, einem gesunden Kinde nicht unähnlich, wandelte der Buddha, trug das Gewand und setzte den Fuß gleich wie alle seine Mönche, nach genauer Vorschrift. Aber sein Gesicht und sein Schritt, sein still gesenkter Blick, seine still herabhängende Hand, und noch jeder Finger an seiner still herabhängenden Hand sprach Friede, sprach Vollkommenheit, suchte nicht, ⌜ahmte nicht nach⌝, atmete sanft in einer unverwelklichen Ruhe, in einem unverwelklichen Licht, einem unantastbaren Frieden.

So wandelte Gotama der Stadt entgegen, um Almosen zu sammeln, und die beiden Samanas erkannten ihn einzig an der Vollkommenheit seiner Ruhe, an der Stille seiner Gestalt, in welcher kein Suchen, kein Wollen, kein Nachahmen, kein Bemühen zu erkennen war, nur Licht und Frieden.

»Heute werden wir die Lehre aus seinem Munde vernehmen«, sagte Govinda.

Siddhartha gab nicht Antwort. Er war wenig neugierig auf die Lehre, er glaubte nicht, daß sie ihn Neues lehren werde, hatte er doch, ebenso wie Govinda, wieder und wieder den Inhalt dieser Buddhalehre vernommen, wenn schon aus Berichten von zweiter und dritter Hand. Aber er blickte aufmerksam auf Gotamas Haupt, auf seine Schultern, auf seine Füße, auf seine still herabhängende Hand, und ihm schien, jedes Glied an jedem Finger dieser Hand war Lehre, sprach, atmete, duftete, glänzte Wahrheit. Dieser Mann, dieser Buddha, war wahrhaftig bis in die Gebärde seines letzten Fingers. Dieser Mann war heilig. Nie hatte Siddhartha einen Menschen so verehrt, nie hatte er einen Menschen so geliebt wie diesen.

Die beiden folgten dem Buddha bis zur Stadt und kehrten schweigend zurück, denn sie selbst gedachten diesen Tag sich der Speise zu enthalten. Sie sahen Gotama wiederkehren, sahen ihn im Kreise seiner Jünger die Mahlzeit einnehmen – was er aß, hätte keinen Vogel satt gemacht – und sahen ihn sich zurückziehen in den Schatten der Mangobäume.

Am Abend aber, als die Hitze sich legte und alles im Lager lebendig ward und sich versammelte, hörten sie den Buddha lehren. Sie hörten seine Stimme, und auch sie war vollkommen, war von vollkommener Ruhe, war voll von Frieden. Gotama lehrte die Lehre vom Leiden, von der Herkunft des Leidens, vom Weg zur Aufhebung des Leidens. Ruhig und klar floß seine stille Rede. Leiden war das Leben, voll Leid war die Welt, aber Erlösung vom Leid war gefunden: Erlösung fand, wer den Weg des Buddha ging.

Mit sanfter, doch fester Stimme sprach der Erhabene, lehrte ⌜die vier Hauptsätze⌝, lehrte ⌜den achtfachen Pfad⌝, geduldig ging er den gewohnten Weg der Lehre, der Beispiele, der Wiederholungen, hell und still schwebte seine Stimme über den Hörenden, wie ein Licht, wie ein Sternhimmel.

Als der Buddha – es war schon Nacht geworden – seine Rede schloß, traten manche Pilger hervor und baten um Aufnahme in die Gemeinschaft, nahmen ihre Zuflucht zur

Lehre. Und Gotama nahm sie auf, indem er sprach: »Wohl habt ihr die Lehre vernommen, wohl ist sie verkündigt. Tretet denn herzu und wandelt in Heiligkeit, allem Leid ein Ende zu bereiten.«

Siehe, da trat auch Govinda hervor, der Schüchterne, und sprach: »Auch ich nehme meine Zuflucht zum Erhabenen und zu seiner Lehre«, und bat um Aufnahme in die Jüngerschaft, und ward aufgenommen.

Gleich darauf, da sich der Buddha zur Nachtruhe zurückgezogen hatte, wendete sich Govinda zu Siddhartha und sprach eifrig: »Siddhartha, nicht steht es mir zu, dir einen Vorwurf zu machen. Beide haben wir den Erhabenen gehört, beide haben wir die Lehre vernommen. Govinda hat die Lehre gehört, er hat seine Zuflucht zu ihr genommen. Du aber, Verehrter, willst denn nicht auch du den Pfad der Erlösung gehen? Willst du zögern, willst du noch warten?«

Siddhartha erwachte wie aus einem Schlafe, als er Govindas Worte vernahm. Lange blickte er in Govindas Gesicht. Dann sprach er leise, mit einer Stimme ohne Spott: »Govinda, mein Freund, nun hast du den Schritt getan, nun hast du den Weg erwählt. Immer, o Govinda, bist du mein Freund gewesen, immer bist du einen Schritt hinter mir gegangen. Oft habe ich gedacht: Wird Govinda nicht auch einmal einen Schritt allein tun, ohne mich, aus der eigenen Seele? Siehe, nun bist du ein Mann geworden und wählst selber deinen Weg. Mögest du ihn zu Ende gehen, o mein Freund! Mögest du Erlösung finden!«

Govinda, welcher noch nicht völlig verstand, wiederholte mit einem Ton von Ungeduld seine Frage: »Sprich doch, ich bitte dich, mein Lieber! Sage mir, wie es ja nicht anders sein kann, daß auch du, mein gelehrter Freund, deine Zuflucht zum erhabenen Buddha nehmen wirst!«

Siddhartha legte seine Hand auf die Schulter Govindas: »Du hast meinen Segenswunsch überhört, o Govinda. Ich wiederhole ihn: Mögest du diesen Weg zu Ende gehen! Mögest du Erlösung finden!«

In diesem Augenblick erkannte Govinda, daß sein Freund ihn verlassen habe, und er begann zu weinen.

»Siddhartha!«, rief er klagend.

Siddhartha sprach freundlich zu ihm: »Vergiß nicht, Govinda, daß du nun zu den Samanas des Buddha gehörst! Abgesagt hast du Heimat und Eltern, abgesagt Herkunft und Eigentum, abgesagt deinem eigenen Willen, abgesagt der Freundschaft. So will es die Lehre, so will es der Erhabene. So hast du selbst es gewollt. Morgen, o Govinda, werde ich dich verlassen.«

Hain

Lange noch wandelten die Freunde im Gehölz*, lange lagen sie und fanden nicht den Schlaf. Und immer von neuem drang Govinda in seinen Freund, er möge ihm sagen, warum er nicht seine Zuflucht zu Gotamas Lehre nehmen wolle, welchen Fehler denn er in dieser Lehre finde. Siddhartha aber wies ihn jedesmal zurück und sagte: »Gib dich zufrieden, Govinda! Sehr gut ist des Erhabenen Lehre, wie sollte ich einen Fehler an ihr finden.«

Am frühesten Morgen ging ein Nachfolger Buddhas, einer seiner ältesten Mönche, durch den Garten und rief alle jene zu sich, welche als Neulinge ihre Zuflucht zur Lehre genommen hatten, um ihnen das gelbe Gewand anzulegen und sie in den ersten Lehren und Pflichten ihres Standes zu unterweisen. Da riß Govinda sich los, umarmte noch einmal den Freund seiner Jugend und schloß sich dem Zuge der Novizen* an.

Mönche während der Probezeit

Siddhartha aber wandelte in Gedanken durch den Hain.

Da begegnete ihm Gotama, der Erhabene, und als er ihn mit Ehrfurcht begrüßte und der Blick des Buddhas so voll Güte und Stille war, faßte der Jüngling Mut und bat den Ehrwürdigen um Erlaubnis, zu ihm zu sprechen. Schweigend nickte der Erhabene Gewährung.

⌜Sprach Siddhartha⌝: »Gestern, o Erhabener, war es mir

vergönnt, deine wundersame Lehre zu hören. Zusammen mit meinem Freund kam ich aus der Ferne her, um die Lehre zu hören. Und nun wird mein Freund bei den Deinen bleiben, zu dir hat er seine Zuflucht genommen. Ich aber trete meine Pilgerschaft aufs neue an.«

»Wie es dir beliebt«, sprach der Ehrwürdige höflich.

»Allzu kühn ist meine Rede«, fuhr Siddhartha fort, »aber ich möchte den Erhabenen nicht verlassen, ohne ihm meine Gedanken in Aufrichtigkeit mitgeteilt zu haben. Will mir der Ehrwürdige noch einen Augenblick Gehör schenken?«

Schweigend nickte der Buddha Gewährung.

Sprach Siddhartha: »Eines, o Ehrwürdigster, habe ich an deiner Lehre vor allem bewundert. Alles in deiner Lehre ist vollkommen klar, ist bewiesen; als eine vollkommene, als eine nie und nirgends unterbrochene Kette zeigst du die Welt, als eine ewige Kette, gefügt aus Ursachen und Wirkungen. Niemals ist dies so klar gesehen, nie so unwiderleglich dargestellt worden; höher wahrlich muß jedem Brahmanen das Herz im Leibe schlagen, wenn er, durch deine Lehre hindurch, die Welt erblickt als vollkommenen Zusammenhang, lückenlos, klar wie ein Kristall, nicht vom Zufall abhängig, nicht von Göttern abhängig. Ob sie gut oder böse, ob das Leben in ihr Leid oder Freude sei, möge dahingestellt bleiben, es mag vielleicht sein, daß dies nicht wesentlich ist – aber die Einheit der Welt, der Zusammenhang alles Geschehens, das Umschlossensein alles Großen und Kleinen vom selben Strome, vom selben Gesetz der Ursachen, des Werdens und des Sterbens, dies leuchtet hell aus deiner erhabenen Lehre, o Vollendeter. Nun aber ist, deiner selben Lehre nach, diese Einheit und Folgerichtigkeit aller Dinge dennoch an einer Stelle unterbrochen, durch eine kleine Lücke strömt in diese Welt der Einheit etwas Fremdes, etwas Neues, etwas, das vorher nicht war, und das nicht gezeigt und nicht bewiesen werden kann: das ist deine Lehre von der Überwindung der

Welt, von der Erlösung. Mit dieser kleinen Lücke, mit dieser kleinen Durchbrechung aber ist das ganze ewige und einheitliche Weltgesetz wieder zerbrochen und aufgehoben. Mögest du mir verzeihen, wenn ich diesen Einwand ausspreche.«

Still hatte Gotama ihm zugehört, unbewegt. Mit seiner gütigen, mit seiner höflichen und klaren Stimme sprach er nun, der Vollendete: »Du hast die Lehre gehört, o Brahmanensohn, und wohl dir, daß du über sie so tief nachgedacht hast. Du hast eine Lücke in ihr gefunden, einen Fehler. Mögest du weiter darüber nachdenken. Laß dich aber warnen, du Wißbegieriger, vor dem Dickicht der Meinungen und vor dem Streit um Worte. Es ist an Meinungen nichts gelegen, sie mögen schön oder häßlich, klug oder töricht sein, jeder kann ihnen anhängen oder sie verwerfen. Die Lehre aber, die du von mir gehört hast, ist nicht meine Meinung, und ihr Ziel ist nicht, die Welt für Wißbegierige zu erklären. Ihr Ziel ist ein anderes; ihr Ziel ist Erlösung vom Leiden. Diese ist es, welche Gotama lehrt, nichts anderes.«

»Mögest du mir, o Erhabener, nicht zürnen«, sagte der Jüngling. »Nicht um Streit mit dir zu suchen, Streit um Worte, habe ich so zu dir gesprochen. Du hast wahrlich recht, wenig ist an Meinungen gelegen. Aber laß mich dies eine noch sagen: Nicht einen Augenblick habe ich an dir gezweifelt. Ich habe nicht einen Augenblick gezweifelt, daß du Buddha bist, daß du das Ziel erreicht hast, das höchste, nach welchem so viel tausend Brahmanen und Brahmanensöhne unterwegs sind. Du hast die Erlösung vom Tode gefunden. Sie ist dir geworden aus deinem eigenen Suchen, auf deinem eigenen Wege, durch Gedanken, durch Versenkung, durch Erkenntnis, durch Erleuchtung. Nicht ist sie dir geworden durch Lehre! Und – so ist mein Gedanke, o Erhabener – keinem wird Erlösung zuteil durch Lehre! Keinem, o Ehrwürdiger, wirst du in Worten und durch Lehre mitteilen und sagen können, was dir geschehen ist in der Stunde deiner Erleuchtung! Vieles enthält die Lehre des erleuchteten Buddha, viele lehrt sie, rechtschaffen zu leben, Böses zu meiden. Eines aber enthält die so klare, die so ehrwürdige Lehre nicht: sie enthält nicht das Geheimnis dessen, was der Erhabene selbst erlebt hat, er allein unter den Hunderttausenden. Dies ist es, was ich gedacht und erkannt habe, als ich die Lehre hörte. Dies ist es, weswegen ich meine Wanderschaft fortsetze – nicht um eine andere, eine bessere Lehre zu suchen, denn ich weiß, es gibt keine, sondern um alle Lehren und alle Lehrer zu verlassen und allein mein Ziel zu erreichen oder zu sterben. Oftmals aber werde ich dieses Tages gedenken, o Erhabener, und dieser Stunde, da meine Augen einen Heiligen sahen.«

Die Augen des Buddha blickten still zu Boden, still in vollkommenem Gleichmut strahlte sein unerforschliches Gesicht.

»Mögen deine Gedanken«, sprach der Ehrwürdige langsam, »keine Irrtümer sein! Mögest du ans Ziel kommen! Aber sage mir: Hast du die Schar meiner Samanas gesehen, meiner vielen Brüder, welche ihre Zuflucht zur Lehre genommen haben? Und glaubst du, fremder Samana, glaubst du, daß es diesen allen besser wäre, die Lehre zu verlassen und in das Leben der Welt und der Lüste zurückzukehren?«

»Fern ist ein solcher Gedanke von mir«, rief Siddhartha. »Mögen sie alle bei der Lehre bleiben, mögen sie ihr Ziel erreichen! Nicht steht mir zu, über eines andern Leben zu urteilen! Einzig für mich, für mich allein muß ich urteilen, muß ich wählen, muß ich ablehnen. Erlösung vom Ich suchen wir Samanas, o Erhabener. Wäre ich nun einer deiner Jünger, o Ehrwürdiger, so fürchte ich, es möchte mir geschehen, daß nur scheinbar, nur trügerisch mein Ich zur Ruhe käme und erlöst würde, daß es aber in Wahrheit weiterlebte und groß würde, denn ich hätte dann die Lehre, hätte meine Nachfolge, hätte meine Liebe zu dir, hätte die Gemeinschaft der Mönche zu meinem Ich gemacht!«

Mit halbem Lächeln, mit einer unerschütterten Helle und Freundlichkeit sah Gotama dem Fremdling ins Auge und verabschiedete ihn mit einer kaum sichtbaren Gebärde.

»Klug bist du, o Samana«, sprach der Ehrwürdige. »Klug weißt du zu reden, mein Freund. Hüte dich vor allzu großer Klugheit!«

Hinweg wandelte der Buddha, und sein Blick und halbes Lächeln blieb für immer in Siddharthas Gedächtnis eingegraben.

»So habe ich noch keinen Menschen blicken und lächeln, sitzen und schreiten sehen«, dachte er, »so wahrlich wünsche auch ich blicken und lächeln, sitzen und schreiten zu können, so frei, so ehrwürdig, so verborgen, so offen, so kindlich und geheimnisvoll. So wahrlich blickt und schreitet nur der Mensch, der ins Innerste seines Selbst gedrungen ist. Wohl, auch ich werde ins Innerste meines Selbst zu dringen suchen.«

»Einen Menschen sah ich«, dachte Siddhartha, »einen einzigen, vor dem ich meine Augen niederschlagen mußte. Vor keinem andern mehr will ich meine Augen niederschlagen, vor keinem mehr. Keine Lehre mehr wird mich verlocken, da dieses Menschen Lehre mich nicht verlockt hat.«

»Beraubt hat mich der Buddha«, dachte Siddhartha, »beraubt hat er mich, und mehr noch hat er mich beschenkt. Beraubt hat er mich meines Freundes, dessen, der an mich glaubte und der nun an ihn glaubt, der mein Schatten war und nun Gotamas Schatten ist. Geschenkt aber hat er mir Siddhartha, mich selbst.«

Erwachen

Als Siddhartha den Hain verließ, in welchem der Buddha, der Vollendete, zurückblieb, in welchem Govinda zurückblieb, da fühlte er, daß in diesem Hain auch sein bisheriges Leben hinter ihm zurückblieb und sich von ihm trennte. Dieser Empfindung, die ihn ganz erfüllte, sann er im langsamen Dahingehen nach. Tief sann er nach, wie durch ein tiefes Wasser ließ er sich bis auf den Boden dieser Empfindung hinab, bis dahin, wo die Ursachen ruhen, denn Ursachen erkennen, so schien ihm, das eben ist Denken, und dadurch allein werden Empfindungen zu Erkenntnissen und gehen nicht verloren, sondern werden wesenhaft und beginnen auszustrahlen, was in ihnen ist.

Im langsamen Dahingehen dachte Siddhartha nach. Er stellte fest, daß er kein Jüngling mehr, sondern ein Mann geworden sei. Er stellte fest, daß eines ihn verlassen hatte, wie die Schlange von ihrer alten Haut verlassen wird, daß eines nicht mehr in ihm vorhanden war, das durch seine ganze Jugend ihn begleitet und zu ihm gehört hatte: der Wunsch, Lehrer zu haben und Lehren zu hören. Den letzten Lehrer, der an seinem Wege ihm erschienen war, auch ihn, den höchsten und weisesten Lehrer, den Heiligsten, Buddha, hatte er verlassen, hatte sich von ihm trennen müssen, hatte seine Lehre nicht annehmen können.

Langsamer ging der Denkende dahin und fragte sich selbst: »Was nun ist es aber, das du aus Lehren und von Lehrern hattest lernen wollen, und was sie, die dich viel gelehrt haben, dich doch nicht lehren konnten?« Und er fand: »Das Ich war es, dessen Sinn und Wesen ich lernen wollte. Das Ich war es, von dem ich loskommen, das ich überwinden wollte. Ich konnte es aber nicht überwinden, konnte es nur täuschen, konnte nur vor ihm fliehen, mich nur vor ihm verstecken. Wahrlich, kein Ding in der Welt hat so viel meine Gedanken beschäftigt wie dieses mein Ich, dies Rätsel, daß ich lebe, daß ich einer und von allen andern getrennt und abgesondert bin, daß ich Siddhartha bin! Und über kein Ding in der Welt weiß ich weniger als über mich, über Siddhartha!«

Der im langsamen Dahingehen Denkende blieb stehen, von diesem Gedanken erfaßt, und alsbald sprang aus diesem Gedanken ein anderer hervor, ein neuer Gedanke, der lautete: »Daß ich nichts von mir weiß, daß Siddhartha mir so fremd und unbekannt geblieben ist, das kommt aus einer Ursache, einer einzigen: ich hatte Angst vor mir, ich war auf der Flucht vor mir! Atman suchte ich, Brahman suchte ich, ich war gewillt, mein Ich zu zerstücken und auseinanderzuschälen, um in seinem unbekannten Innersten den Kern aller Schalen zu finden, den Atman, das Leben, das Göttliche, das Letzte. Ich selbst aber ging mir dabei verloren.«

Siddhartha schlug die Augen auf und sah um sich, ein Lächeln erfüllte sein Gesicht, und ein tiefes Gefühl von Erwachen aus langen Träumen durchströmte ihn bis in die Zehen. Und alsbald lief er wieder, lief rasch, wie ein Mann, welcher weiß, was er zu tun hat.

»Oh«, dachte er aufatmend mit tiefem Atemzug, »nun will ich mir den Siddhartha nicht mehr entschlüpfen lassen! Nicht mehr will ich mein Denken und mein Leben beginnen mit Atman und mit dem Leid der Welt. Ich will mich nicht mehr töten und zerstücken, um hinter den Trümmern ein Geheimnis zu finden. Nicht ⌜Yoga-Veda⌝ mehr soll mich lehren, noch ⌜Atharva-Veda⌝, noch die Asketen, noch irgendwelche Lehre. Bei mir selbst will ich lernen, will ich Schüler sein, will ich mich kennenlernen, das Geheimnis Siddhartha.«

⌜Er blickte um sich, als sähe er zum ersten Male die Welt. Schön war die Welt, bunt war die Welt, seltsam und rätselhaft war die Welt! Hier war Blau, hier war Gelb, hier war

Grün, Himmel floß und Fluß, Wald starrte und Gebirg, alles schön, alles rätselvoll und magisch, und inmitten er, Siddhartha, der Erwachende, auf dem Wege zu sich selbst. All dieses, all dies Gelb und Blau, Fluß und Wald, ging zum erstenmal durchs Auge in Siddhartha ein, war nicht mehr ⌜Zauber Maras⌝, war nicht mehr der ⌜Schleier der Maja⌝, war nicht mehr sinnlose und zufällige Vielfalt der Erscheinungswelt, verächtlich dem tiefdenkenden Brahmanen, der die Vielfalt verschmäht, der die Einheit sucht. Blau war Blau, Fluß war Fluß, und wenn auch im Blau und Fluß in Siddhartha das Eine und Göttliche verborgen lebte, so war es doch eben des Göttlichen Art und Sinn, hier Gelb, hier Blau, dort Himmel, dort Wald und hier Siddhartha zu sein. Sinn und Wesen waren nicht irgendwo hinter den Dingen, sie waren in ihnen, in allem.⌝

»Wie bin ich taub und stumpf gewesen!« dachte der rasch Dahinwandelnde. »Wenn einer eine Schrift liest, deren Sinn er suchen will, ⌜so verachtet er nicht die Zeichen und Buchstaben und nennt sie Täuschung, Zufall und wertlose Schale, sondern er liest sie, er studiert und liebt sie⌝, Buchstabe um Buchstabe. Ich aber, der ich das Buch der Welt und das Buch meines eigenen Wesens lesen wollte, ich habe, einem im voraus vermuteten Sinn zuliebe, die Zeichen und Buchstaben verachtet, ich nannte die Welt der Erscheinungen Täuschung, nannte mein Auge und meine Zunge zufällige und wertlose Erscheinungen. Nein, dies ist vorüber, ich bin erwacht, ich bin in der Tat erwacht und heute erst geboren.«

Indem Siddhartha diesen Gedanken dachte, blieb er abermals stehen, plötzlich, als läge eine ⌜Schlange vor ihm auf dem Weg⌝.

Denn plötzlich war auch dies ihm klargeworden: er, der in der Tat wie ein Erwachter oder Neugeborener war, er mußte sein Leben neu und völlig von vorn beginnen. Als er an diesem selben Morgen den Hain Jetavana, den Hain jenes

Erhabenen, verlassen hatte, schon erwachend, schon auf dem Wege zu sich selbst, da war es seine Absicht gewesen und war ihm natürlich und selbstverständlich erschienen, daß er, nach den Jahren seines Asketentums, in seine Heimat und zu seinem Vater zurückkehre. Jetzt aber, erst in diesem Augenblick, da er stehenblieb, als läge eine Schlange auf seinem Wege, erwachte er auch zu dieser Einsicht: »Ich bin ja nicht mehr, der ich war, ich bin nicht mehr Asket, ich bin nicht mehr Priester, ich bin nicht mehr Brahmane. Was denn soll ich zu Hause und bei meinem Vater tun? Studieren? Opfern? Die Versenkung pflegen? Dies alles ist ja vorüber, dies alles liegt nicht mehr an meinem Wege.«

Regungslos blieb Siddhartha stehen, und einen Augenblick und Atemzug lang fror sein Herz, er fühlte es in der Brust innen frieren wie ein kleines Tier, einen Vogel oder einen Hasen, als er sah, wie allein er sei. Jahrelang war er heimatlos gewesen und hatte es nicht gefühlt. Nun fühlte er es. Immer noch, auch in der fernsten Versenkung, war er seines Vaters Sohn gewesen, war Brahmane gewesen, hohen Standes, ein Geistiger. Jetzt war er nur noch Siddhartha, der Erwachte, sonst nichts mehr. Tief sog er den Atem ein, und einen Augenblick fror er und schauderte. Niemand war so allein wie er. Kein Adliger, der nicht zu den Adligen, kein Handwerker, der nicht zu den Handwerkern gehörte und Zuflucht bei ihnen fand, ihr Leben teilte, ihre Sprache sprach. Kein Brahmane, der nicht zu den Brahmanen zählte und mit ihnen lebte, kein Asket, der nicht im Stande der Samanas seine Zuflucht fand, und auch der verlorenste Einsiedler im Walde war nicht einer und allein, auch ihn umgab Zugehörigkeit, auch er gehörte einem Stande an, der ihm Heimat war. Govinda war Mönch geworden, und tausend Mönche waren seine Brüder, trugen sein Kleid, glaubten seinen Glauben, sprachen seine Sprache. Er aber, Siddhartha, wo war er zugehörig? Wessen Leben würde er teilen? Wessen Sprache würde er sprechen?

Aus diesem Augenblick, wo die Welt rings von ihm wegschmolz, wo er allein stand wie ein Stern am Himmel, aus diesem Augenblick einer Kälte und Verzagtheit tauchte Siddhartha empor, mehr Ich als zuvor, fester geballt. Er fühlte: Dies war der letzte Schauder des Erwachens gewesen, der letzte Krampf der Geburt. Und alsbald schritt er wieder aus, begann rasch und ungeduldig zu gehen, nicht mehr nach Hause, nicht mehr zum Vater, nicht mehr zurück.

Zweiter Teil

⸢*Wilhelm Gundert*⸣
meinem Vetter in Japan gewidmet

⌜*Kamala*⌝

Siddhartha lernte Neues auf jedem Schritt seines Weges, denn die Welt war verwandelt, und sein Herz war bezaubert. Er sah die Sonne überm Waldgebirge aufgehen und überm fernen Palmenstrande untergehen. Er sah nachts am Himmel die Sterne geordnet, und den Sichelmond wie ein Boot im Blauen schwimmend. Er sah Bäume, Sterne, Tiere, Wolken, Regenbogen, Felsen, Kräuter, Blumen, Bach und Fluß, Taublitz im morgendlichen Gesträuch, ferne hohe Berge blau und bleich, Vögel sangen und Bienen, Wind wehte silbern im Reisfelde. Dies alles, tausendfalt und bunt, war immer dagewesen, immer hatten Sonne und Mond geschienen, immer Flüsse gerauscht und Bienen gesummt, aber es war in den früheren Zeiten für Siddhartha dies alles nichts gewesen als ein flüchtiger und trügerischer Schleier vor seinem Auge, mit Mißtrauen betrachtet, dazu bestimmt, vom Gedanken durchdrungen und vernichtet zu werden, da es nicht Wesen war, da das Wesen jenseits der Sichtbarkeit lag. ⌜Nun aber weilte sein befreites Auge diesseits, es sah und erkannte die Sichtbarkeit, suchte Heimat in dieser Welt, suchte nicht das Wesen, zielte in kein Jenseits⌝. Schön war die Welt, wenn man sie so betrachtete, so ohne Suchen, so einfach, so kinderhaft. Schön war Mond und Gestirn, schön war Bach und Ufer, Wald und Fels, Ziege und Goldkäfer, Blume und Schmetterling. Schön und lieblich war es, so durch die Welt zu gehen, so kindlich, so erwacht, so dem Nahen aufgetan, so ohne Mißtrauen. Anders brannte die Sonne aufs Haupt, anders kühlte der Waldschatten, anders schmeckte Bach und Zisterne*, anders Kürbis und Banane. Kurz waren die Tage, kurz die Nächte, jede Stunde floh schnell hinweg wie ein Segel auf dem Meere, unterm Segel ein Schiff voll von Schätzen, voll von Freuden. Siddhartha sah ein Affenvolk im hohen

Auffangbehälter für Regenwasser

Waldgewölbe wandern, hoch im Geäst, und hörte einen wilden, gierigen Gesang. Siddhartha sah einen Schafbock ein Schaf verfolgen und begatten. Er sah in einem Schilfsee den Hecht im Abendhunger jagen, vor ihm her schnellten angstvoll, flatternd und blitzend die jungen Fische in Scharen aus dem Wasser, Kraft und Leidenschaft duftete dringlich aus den hastigen Wasserwirbeln, die der ungestüm Jagende zog.

All dieses war immer gewesen, und er hatte es nicht gesehen; er war nicht dabeigewesen. Jetzt war er dabei, er gehörte dazu. Durch sein Auge lief Licht und Schatten, durch sein Herz lief Stern und Mond.

Siddhartha erinnerte sich unterwegs auch alles dessen, was er im Garten Jetavana erlebt hatte, der Lehre, die er dort gehört, des göttlichen Buddhas, des Abschiedes von Govinda, des Gespräches mit dem Erhabenen. Seiner eigenen Worte, die er zum Erhabenen gesprochen hatte, erinnerte er sich wieder, jedes Wortes, und mit Erstaunen wurde er dessen inne, daß er da Dinge gesagt hatte, die er damals noch gar nicht eigentlich wußte. Was er zu Gotama gesagt hatte: sein, des Buddhas, Schatz und Geheimnis sei nicht die Lehre, sondern das Unaussprechliche und nicht Lehrbare, das er einst zur Stunde seiner Erleuchtung erlebt habe – dies war es ja eben, was zu erleben er jetzt auszog, was zu erleben er jetzt begann. Sich selbst mußte er jetzt erleben. Wohl hatte er schon lange gewußt, daß sein Selbst Atman sei, vom selben ewigen Wesen wie Brahman. Aber nie hatte er dies Selbst wirklich gefunden, weil er es mit dem Netz des Gedankens hatte fangen wollen. War auch gewiß der Körper nicht das Selbst, und nicht das Spiel der Sinne, so war es doch auch das Denken nicht, nicht der Verstand, nicht die erlernte Weisheit, nicht die erlernte Kunst, Schlüsse zu ziehen und aus schon Gedachtem neue Gedanken zu spinnen. Nein, auch diese Gedankenwelt war noch diesseits, und es führte zu keinem Ziele, wenn man das zufällige Ich der Sinne tötete, dafür aber das zufällige Ich der Gedanken und Gelehrsamkeiten mästete. Beide, die Gedanken wie die Sinne, waren hübsche Dinge, hinter beiden lag der letzte Sinn verborgen, beide galt es zu hören, mit beiden zu spielen, beide weder zu verachten noch zu überschätzen, aus beiden die geheimen Stimmen des Innersten zu erlauschen. Nach nichts wollte er trachten, als wonach die Stimme ihm zu trachten beföhle, bei nichts verweilen, als wo die Stimme es riete. Warum war Gotama einst, in der Stunde der Stunden, unter dem Bo-Baume* niedergesessen, wo die Erleuchtung ihn traf? Er hatte eine Stimme gehört, eine Stimme im eigenen Herzen, die ihm befahl, unter diesem Baume Rast zu suchen, und er hatte nicht Kasteiung*, Opfer, Bad oder Gebet, nicht Essen noch Trinken, nicht Schlaf noch Traum vorgezogen, er hatte der Stimme gehorcht. So zu gehorchen, nicht äußerm Befehl, nur der Stimme, so bereit zu sein, das war gut, das war notwendig, nichts anderes war notwendig.

Feigenbaum, der als Baum der Erleuchtung gilt

sich (zur Buße) Entbehrungen auferlegen, sich züchtigen

In der Nacht, da er in der strohernen Hütte eines Fährmannes am Flusse schlief, hatte Siddhartha einen Traum: Govinda stand vor ihm, in einem gelben Asketengewand. Traurig sah Govinda aus, traurig fragte er: Warum hast du mich verlassen? Da umarmte er Govinda, schlang seine Arme um ihn, und indem er ihn an seine Brust zog und küßte, war es nicht Govinda mehr, sondern ein Weib, und aus des Weibes Gewand quoll eine volle Brust, an der lag Siddhartha und trank, süß und stark schmeckte die Milch dieser Brust. Sie schmeckte nach Weib und Mann, nach Sonne und Wald, nach Tier und Blume, nach jeder Frucht, nach jeder Lust. Sie machte trunken und bewußtlos. – Als Siddhartha erwachte, schimmerte der bleiche Fluß durch die Tür der Hütte, und im Walde klang tief und wohllaut ein dunkler Eulenruf.

Als der Tag begann, bat Siddhartha seinen Gastgeber, den Fährmann, ihn über den Fluß zu setzen. Der Fährmann setzte ihn auf seinem Bambusfloß über den Fluß, rötlich schimmerte im Morgenschein das breite Wasser.

»Das ist ein schöner Fluß«, sagte er zu seinem Begleiter.

»Ja«, sagte der Fährmann, »ein sehr schöner Fluß, ich liebe ihn über alles. Oft habe ich ihm zugehört, oft in seine Augen gesehen, und immer habe ich von ihm gelernt. Man kann viel von einem Flusse lernen.«

»Ich danke dir, mein Wohltäter«, sprach Siddhartha, da er ans andere Ufer stieg. »Kein Gastgeschenk habe ich dir zu geben, Lieber, und keinen Lohn zu geben. Ein Heimatloser bin ich, ein Brahmanensohn und Samana.«

»Ich sah es wohl«, sprach der Fährmann, »und ich habe keinen Lohn von dir erwartet, und kein Gastgeschenk. Du wirst mir das Geschenk ein anderes Mal geben.«

»Glaubst du?« sagte Siddhartha lustig.

»Gewiß. Auch das habe ich vom Flusse gelernt: alles kommt wieder! Auch du, Samana, wirst wiederkommen. Nun lebe wohl! Möge deine Freundschaft mein Lohn sein. Mögest du meiner gedenken, wenn du den Göttern opferst.«

Lächelnd schieden sie voneinander. Lächelnd freute sich Siddhartha über die Freundschaft und Freundlichkeit des Fährmanns. »Wie Govinda ist er«, dachte er lächelnd, »alle, die ich auf meinem Wege antreffe, sind wie Govinda. Alle sind dankbar, obwohl sie selbst Anspruch auf Dank hätten. Alle sind unterwürfig, alle mögen gern Freund sein, gern gehorchen, wenig denken. Kinder sind die Menschen.«

Um die Mittagszeit kam er durch ein Dorf. Vor den Lehmhütten wälzten sich Kinder auf der Gasse, spielten mit Kürbiskernen und Muscheln, schrien und balgten sich, flohen aber alle scheu vor dem fremden Samana. Am Ende des Dorfes führte der Weg durch einen Bach, und am Rande des Baches kniete ein junges Weib und wusch Kleider. Als Siddhartha sie grüßte, hob sie den Kopf und blickte mit

Lächeln zu ihm auf, daß er das Weiße in ihrem Auge blitzen sah. Er rief einen Segensspruch hinüber, wie er unter Reisenden üblich ist, und fragte, wie weit der Weg bis zur großen Stadt noch sei. Da stand sie auf und trat zu ihm her, schön schimmerte ihr feuchter Mund im jungen Gesicht. Sie tauschte Scherzreden mit ihm, fragte, ob er schon gegessen habe, und ob es wahr sei, daß die Samanas nachts allein im Walde schliefen und keine Frauen bei sich haben dürften. Dabei setzte sie ihren linken Fuß auf seinen rechten und machte eine Bewegung, wie die Frau sie macht, wenn sie den Mann zu jener Art des Liebesgenusses auffordert, welchen die Lehrbücher ⌜»das Baumbesteigen«⌝ nennen. Siddhartha fühlte sein Blut erwarmen, und da sein Traum ihm in diesem Augenblick wieder einfiel, bückte er sich ein wenig zu dem Weibe herab und küßte mit den Lippen die braune Spitze ihrer Brust. Aufschauend sah er ihr Gesicht voll Verlangen lächeln und die verkleinerten Augen in Sehnsucht flehen.

Auch Siddhartha fühlte Sehnsucht und den Quell des Geschlechts sich bewegen; da er aber noch nie ein Weib berührt hatte, zögerte er einen Augenblick, während seine Hände schon bereit waren, nach ihr zu greifen. Und in diesem Augenblick hörte er, erschauernd, die Stimme seines Innern, und die Stimme sagte nein. Da wich vom lächelnden Gesicht der jungen Frau aller Zauber, er sah nichts mehr als den feuchten Blick eines brünstigen Tierweibchens. Freundlich streichelte er ihre Wange, wandte sich von ihr und verschwand vor der Enttäuschten leichtfüßig in das Bambusgehölze.

An diesem Tage erreichte er vor Abend eine große Stadt, und freute sich, denn er begehrte nach Menschen. Lange hatte er in den Wäldern gelebt, und die stroherne Hütte des Fährmanns, in welcher er diese Nacht geschlafen hatte, war seit langer Zeit das erste Dach, das er über sich gehabt hatte.

Vor der Stadt, bei einem schönen umzäunten Haine, begegnete dem Wandernden ein kleiner Troß von Dienern und Dienerinnen, mit Körben beladen. Inmitten in einer geschmückten Sänfte, von Vieren getragen, saß auf roten Kissen unter einem bunten Sonnendach eine Frau, die Herrin. Siddhartha blieb beim Eingang des Lusthaines stehen und sah dem Aufzuge zu, sah die Diener, die Mägde, die Körbe, sah die Sänfte, und sah in der Sänfte die Dame. Unter hochgetürmten schwarzen Haaren sah er ein sehr helles, sehr zartes, sehr kluges Gesicht, hellroten Mund wie eine frisch aufgebrochene Feige, Augenbrauen gepflegt und gemalt in hohen Bogen, dunkle Augen klug und wachsam, lichten hohen Hals aus grün und goldenem Oberkleide steigend, ruhende helle Hände lang und schmal mit breiten Goldreifen über den Gelenken.

Siddhartha sah, wie schön sie war, und sein Herz lachte. Tief verneigte er sich, als die Sänfte nahe kam, und sich wieder aufrichtend blickte er in das helle holde* Gesicht, las einen Augenblick in den klugen hochüberwölbten Augen, atmete einen Hauch von Duft, den er nicht kannte. Lächelnd nickte die schöne Frau, einen Augenblick, und verschwand im Hain, und hinter ihr die Diener.

anmutige, liebliche

So betrete ich diese Stadt, dachte Siddhartha, unter einem holden Zeichen*. Es zog ihn, sogleich in den Hain zu treten, doch bedachte er sich, und nun erst ward ihm bewußt, wie ihn die Diener und Mägde am Eingang betrachtet hatten, wie verächtlich, wie mißtrauisch, wie abweisend.

günstigen Vorzeichen

»Noch bin ich ein Samana«, dachte er, »noch immer, ein Asket und Bettler. Nicht so werde ich bleiben dürfen, nicht so in den Hain treten.« Und er lachte.

Den nächsten Menschen, der des Weges kam, fragte er nach dem Hain und nach dem Namen dieser Frau, und erfuhr, daß dies der Hain der Kamala war, der berühmten ⌜Kurtisane⌝, und daß sie außer dem Haine ein Haus in der Stadt besaß.

Dann betrat er die Stadt. Er hatte nun ein Ziel.

Sein Ziel verfolgend, ließ er sich von der Stadt einschlürfen, trieb im Strom der Gassen, stand auf Plätzen still, ruhte auf Steintreppen am Flusse aus. Gegen den Abend befreundete er sich mit einem Barbiergehilfen, den er im Schatten eines Gewölbes hatte arbeiten sehen, den er betend in einem Tempel ⌜Vishnus⌝ wiederfand, dem er von den Geschichten Vishnus und der ⌜Lakschmi⌝ erzählte. Bei den Booten am Flusse schlief er die Nacht, und früh am Morgen, ehe die ersten Kunden in seinen Laden kamen, ließ er sich von dem Barbiergehilfen den Bart rasieren und das Haar beschneiden, das Haar kämmen und mit feinem Öle salben. Dann ging er im Flusse baden.

Als am Spätnachmittag die schöne Kamala in der Sänfte sich ihrem Haine näherte, stand am Eingang Siddhartha, verbeugte sich und empfing den Gruß der Kurtisane. Demjenigen Diener aber, der zuletzt im Zuge ging, winkte er und bat ihn, der Herrin zu melden, daß ein junger Brahmane mit ihr zu sprechen begehre. Nach einer Weile kam der Diener zurück, forderte den Wartenden auf, ihm zu folgen, führte den ihm Folgenden schweigend in einen Pavillon, wo Kamala auf einem Ruhebette lag, und ließ ihn bei ihr allein.

»Bist du nicht gestern schon da draußen gestanden und hast mich begrüßt?« fragte Kamala.

»Wohl habe ich gestern schon dich gesehen und begrüßt.«

»Aber trugst du nicht gestern einen Bart, und lange Haare, und Staub in den Haaren?«

»Wohl hast du beobachtet, alles hast du gesehen. Du hast Siddhartha gesehen, den Brahmanensohn, welcher seine Heimat verlassen hat, um ein Samana zu werden, und drei Jahre lang ein Samana gewesen ist. Nun aber habe ich jenen Pfad verlassen, und kam in diese Stadt, und die erste, die mir noch vor dem Betreten der Stadt begegnete, warst du. Dies zu sagen, bin ich zu dir gekommen, o Kamala! Du bist die erste Frau, zu welcher Siddhartha anders als mit niedergeschlagenen Augen redet. Nie mehr will ich meine Augen niederschlagen, wenn eine schöne Frau mir begegnet.«

Kamala lächelte und spielte mit ihrem Fächer aus Pfauenfedern. Und fragte: »Und nur um mir dies zu sagen, ist Siddhartha zu mir gekommen?«

»Um dir dies zu sagen, und um dir zu danken, daß du so schön bist. Und wenn es dir nicht mißfällt, Kamala, möchte ich dich bitten, meine Freundin und Lehrerin zu sein, denn ich weiß noch nichts von der Kunst, in welcher du Meisterin bist.«

Da lachte Kamala laut.

»Nie ist mir das geschehen, Freund, daß ein Samana aus dem Walde zu mir kam und von mir lernen wollte! Nie ist mir das geschehen, daß ein Samana mit langen Haaren und in einem alten zerrissenen Schamtuche zu mir kam! Viele Jünglinge kommen zu mir, und auch Brahmanensöhne sind darunter, aber sie kommen in schönen Kleidern, sie kommen in feinen Schuhen, sie haben Wohlgeruch im Haar und Geld in den Beuteln. So, du Samana, sind die Jünglinge beschaffen, welche zu mir kommen.«

Sprach Siddhartha: »Schon fange ich an, von dir zu lernen. Auch gestern schon habe ich gelernt. Schon habe ich den Bart abgelegt, habe das Haar gekämmt, habe Öl im Haare. Weniges ist, das mir noch fehlt, du Vortreffliche: feine Kleider, feine Schuhe, Geld im Beutel. Wisse, Schwereres hat Siddhartha sich vorgenommen, als solche Kleinigkeiten sind, und hat es erreicht. Wie sollte ich nicht erreichen, was ich gestern mir vorgenommen habe: dein Freund zu sein und die Freuden der Liebe von dir zu lernen! Du wirst mich gelehrig sehen, Kamala, Schwereres habe ich gelernt, als was du mich lehren sollst. Und nun also: Siddhartha genügt dir nicht, so wie er ist, mit Öl im Haar, aber ohne Kleider, ohne Schuhe, ohne Geld?«

Lachend rief Kamala: »Nein, Werter, er genügt noch nicht. Kleider muß er haben, hübsche Kleider, und Schuhe, hübsche Schuhe, und viel Geld im Beutel, und Geschenke für Kamala. Weißt du es nun, Samana aus dem Walde? Hast du es dir gemerkt?«

»Wohl habe ich es mir gemerkt«, rief Siddhartha. »Wie sollte ich mir nicht merken, was aus einem solchen Munde kommt! Dein Mund ist wie eine frisch aufgebrochene Feige, Kamala. Auch mein Mund ist rot und frisch, er wird zu deinem passen, du wirst sehen. – Aber sage, schöne Kamala, hast du gar keine Furcht vor dem Samana aus dem Walde, der gekommen ist, um Liebe zu lernen?«

»Warum sollte ich denn Furcht vor einem Samana haben, einem dummen Samana aus dem Walde, der von den Schakalen kommt und noch gar nicht weiß, was Frauen sind?«

»Oh, er ist stark, der Samana, und er fürchtet nichts. Er könnte dich zwingen, schönes Mädchen. Er könnte dich rauben. Er könnte dir weh tun.«

»Nein, Samana, das fürchte ich nicht. Hat je ein Samana oder ein Brahmane gefürchtet, einer könnte kommen und ihn packen und ihm seine Gelehrsamkeit, und seine Frömmigkeit, und seinen Tiefsinn rauben? Nein, denn die gehören ihm zu eigen, und er gibt davon nur, was er geben will und wem er geben will. So ist es, genau ebenso ist es auch mit Kamala, und mit den Freuden der Liebe. Schön und rot ist Kamalas Mund, aber versuche, ihn gegen Kamalas Willen zu küssen, und nicht einen Tropfen Süßigkeit wirst du von ihm haben, der so viel Süßes zu geben versteht! Du bist gelehrig, Siddhartha, so lerne auch dies: Liebe kann man erbetteln, erkaufen, geschenkt bekommen, auf der Gasse finden, aber rauben kann man sie nicht. Da hast du dir einen falschen Weg ausgedacht. Nein, schade wäre es, wenn ein hübscher Jüngling wie du es so falsch angreifen wollte.«

Siddhartha verneigte sich lächelnd. »Schade wäre es, Kamala, wie sehr hast du recht! Überaus schade wäre es. Nein, von deinem Munde soll mir kein Tropfen Süßigkeit verlorengehen, noch dir von dem meinen! Es bleibt also dabei: Siddhartha wird wiederkommen, wenn er hat, was ihm noch fehlt: Kleider, Schuhe, Geld. Aber sprich, holde Kamala, kannst du mir nicht noch einen kleinen Rat geben?«

»Einen Rat? Warum nicht? Wer wollte nicht gerne einem armen, unwissenden Samana, der von den Schakalen aus dem Walde kommt, einen Rat geben?«

»Liebe Kamala, so rate mir: wohin soll ich gehen, daß ich am raschesten jene drei Dinge finde?«

»Freund, das möchten viele wissen. Du mußt tun, was du gelernt hast, und dir dafür Geld geben lassen und Kleider und Schuhe. Anders kommt ein Armer nicht zu Geld. Was kannst du denn?«

»Ich kann denken. Ich kann warten. Ich kann fasten.«

»Nichts sonst?«

»Nichts. Doch, ich kann auch dichten. Willst du mir für ein Gedicht einen Kuß geben?«

»Das will ich tun, wenn dein Gedicht mir gefällt. Wie heißt es denn?«

Siddhartha sprach, nachdem er sich einen Augenblick besonnen hatte, diese Verse:

»In ihren schattigen Hain trat die schöne Kamala,
An Haines Eingang stand der braune Samana.
Tief, da er die Lotusblüte erblickte,
Beugte sich jener, lächelnd dankte Kamala.
Lieblicher, dachte der Jüngling, als Göttern zu opfern,
Lieblicher ist es, zu opfern der schönen Kamala.«

Laut klatschte Kamala in die Hände, daß die goldenen Armringe klangen.

»Schön sind deine Verse, brauner Samana, und wahrlich, ich verliere nichts, wenn ich dir einen Kuß für sie gebe.«

Sie zog ihn mit den Augen zu sich, er beugte sein Gesicht auf ihres, und legte seinen Mund auf den Mund, der wie eine frisch aufgebrochene Feige war. Lange küßte ihn Kamala, und mit tiefem Erstaunen fühlte Siddhartha, wie sie ihn lehrte, wie sie weise war, wie sie ihn beherrschte, ihn zurückwies, ihn lockte, und wie hinter diesem ersten eine lange, eine wohlgeordnete, wohlerprobte Reihe von Küssen stand, jeder vom andern verschieden, die ihn noch erwarteten. Tief atmend blieb er stehen, und war in diesem Augenblick wie ein Kind erstaunt über die Fülle des Wissens und Lernenswerten, die sich vor seinen Augen erschloß.

»Sehr schön sind deine Verse«, rief Kamala, »wenn ich reich wäre, gäbe ich dir Goldstücke dafür. Aber schwer wird es dir werden, mit Versen so viel Geld zu erwerben, wie du brauchst. Denn du brauchst viel Geld, wenn du Kamalas Freund sein willst.«

»Wie kannst du küssen, Kamala!« stammelte Siddhartha.

»Ja, das kann ich schon, darum fehlt es mir auch nicht an Kleidern, Schuhen, Armbändern und allen schönen Dingen. Aber was wird aus dir werden? Kannst du nichts als denken, fasten, dichten?«

»Ich kann auch die Opferlieder«, sagte Siddhartha, »aber ich will sie nicht mehr singen. Ich kann auch Zaubersprüche, aber ich will sie nicht mehr sprechen. Ich habe die Schriften gelesen –«

»Halt«, unterbrach ihn Kamala. »Du kannst lesen? Und schreiben?«

»Gewiß kann ich das. Manche können das.«

»Die meisten können es nicht. Auch ich kann es nicht. Es ist sehr gut, daß du lesen und schreiben kannst, sehr gut. Auch die Zaubersprüche wirst du noch brauchen können.«

In diesem Augenblick kam eine Dienerin gelaufen und flüsterte der Herrin eine Nachricht ins Ohr.

»Ich bekomme Besuch«, rief Kamala. »Eile und verschwinde, Siddhartha, niemand darf dich hier sehen, das merke dir! Morgen sehe ich dich wieder.«

Der Magd aber befahl sie, dem frommen Brahmanen ein weißes Obergewand zu geben. Ohne zu wissen, wie ihm geschah, sah sich Siddhartha von der Magd hinweggezogen, auf Umwegen in ein Gartenhaus gebracht, mit einem Oberkleid beschenkt, ins Gebüsch geführt und dringlich ermahnt, sich alsbald ungesehen aus dem Hain zu verlieren.

Zufrieden tat er, wie ihm geheißen war. Des Waldes gewohnt, brachte er sich lautlos aus dem Hain und über die Hecke. Zufrieden kehrte er in die Stadt zurück, das zusammengerollte Kleid unterm Arm tragend. In einer Herberge, wo Reisende einkehrten, stellte er sich an die Tür, bat schweigend um Essen, nahm schweigend ein Stück Reiskuchen an. Vielleicht schon morgen, dachte er, werde ich niemand mehr um Essen bitten.

Stolz flammte plötzlich in ihm auf. Er war kein Samana mehr, nicht mehr stand es ihm an zu betteln. Er gab den Reiskuchen einem Hunde und blieb ohne Speise.

»Einfach ist das Leben, das man in der Welt hier führt«, dachte Siddhartha. »Es hat keine Schwierigkeiten. Schwer war alles, mühsam und am Ende hoffnungslos, als ich noch Samana war. Nun ist alles leicht, leicht wie der Unterricht im Küssen, den mir Kamala gibt. Ich brauche Kleider und Geld, sonst nichts, das sind kleine nahe Ziele, sie stören einem nicht den Schlaf.«

Längst hatte er das Stadthaus Kamalas erkundet, dort fand er sich am andern Tage ein.

»Es geht gut«, rief sie ihm entgegen. »Du wirst bei Kamaswami erwartet, er ist der reichste Kaufmann dieser Stadt. Wenn du ihm gefällst, wird er dich in Dienst nehmen. Sei klug, brauner Samana. Ich habe ihm durch andre von dir erzählen lassen. Sei freundlich gegen ihn, er ist sehr mächtig. Aber sei nicht zu bescheiden! Ich will nicht, daß du sein Diener wirst, du sollst seinesgleichen werden, sonst bin ich nicht mit dir zufrieden. Kamaswami fängt an, alt und bequem zu werden. Gefällst du ihm, so wird er dir viel anvertrauen.«

Siddhartha dankte ihr und lachte, und da sie erfuhr, er habe gestern und heute nichts gegessen, ließ sie Brot und Früchte bringen und bewirtete ihn.

»Du hast Glück gehabt«, sagte sie beim Abschied, »eine Tür um die andre tut sich dir auf. Wie kommt das wohl? Hast du einen Zauber?«

Siddhartha sagte: »Gestern erzählte ich dir, ich verstünde zu denken, zu warten und zu fasten, du aber fandest, das sei zu nichts nütze. Es ist aber zu vielem nütze, Kamala, du wirst es sehen. Du wirst sehen, daß die dummen Samanas im Walde viel Hübsches lernen und können, das ihr nicht könnt. Vorgestern war ich noch ein struppiger Bettler, gestern habe ich schon Kamala geküßt, und bald werde ich ein Kaufmann sein und Geld haben und all diese Dinge, auf die du Wert legst.«

»Nun ja«, gab sie zu. »Aber wie stünde es mit dir ohne mich? Was wärest du, wenn Kamala dir nicht hülfe?«

»Liebe Kamala«, sagte Siddhartha und richtete sich hoch auf, »als ich zu dir in deinen Hain kam, tat ich den ersten Schritt. Es war mein Vorsatz, bei dieser schönsten Frau die Liebe zu lernen. Von jenem Augenblick an, da ich den Vorsatz faßte, wußte ich auch, daß ich ihn ausführen werde. Ich wußte, daß du mir helfen würdest, bei deinem ersten Blick am Eingang des Haines wußte ich es schon.«

»Wenn ich aber nicht gewollt hätte?«

»Du hast gewollt. Sieh, Kamala: wenn du einen Stein ins Wasser wirfst, so eilt er auf dem schnellsten Wege zum Grunde des Wassers. So ist es, wenn Siddhartha ein Ziel, einen Vorsatz hat. Siddhartha tut nichts, er wartet, er denkt, er fastet, aber er geht durch die Dinge der Welt hindurch wie der Stein durchs Wasser, ohne etwas zu tun, ohne sich zu rühren; er wird gezogen, er läßt sich fallen. Sein Ziel zieht ihn an sich, denn er läßt nichts in seine Seele ein, was dem Ziel widerstreben könnte. Das ist es, was Siddhartha bei den Samanas gelernt hat. Es ist das, was die Toren Zauber nennen und wovon sie meinen, es werde durch die Dämonen bewirkt. Nichts wird von Dämonen bewirkt, es gibt keine Dämonen. Jeder kann zaubern, jeder kann seine Ziele erreichen, wenn er denken kann, wenn er warten kann, wenn er fasten kann.«

Kamala hörte ihm zu. Sie liebte seine Stimme, sie liebte den Blick seiner Augen.

»Vielleicht ist es so«, sagte sie leise, »wie du sprichst, Freund. Vielleicht ist es aber auch so, daß Siddhartha ein hübscher Mann ist, daß sein Blick den Frauen gefällt, daß darum das Glück ihm entgegenkommt.«

Mit einem Kuß nahm Siddhartha Abschied. »Möge es so sein, meine Lehrerin. Möge immer mein Blick dir gefallen, möge immer von dir mir Glück entgegenkommen!«

Bei den Kindermenschen

Siddhartha ging zum Kaufmann Kamaswami, in ein reiches Haus ward er gewiesen, Diener führten ihn zwischen kostbaren Teppichen in ein Gemach, wo er den Hausherrn erwartete.

Kamaswami trat ein, ein rascher, geschmeidiger Mann mit stark ergrauendem Haar, mit sehr klugen, vorsichtigen Augen, mit einem begehrlichen Mund. Freundlich begrüßten sich Herr und Gast.

»Man hat mir gesagt«, begann der Kaufmann, »daß du ein Brahmane bist, ein Gelehrter, daß du aber Dienste bei einem Kaufmann suchst. Bist du denn in Not geraten, Brahmane, daß du Dienste suchst?«

»Nein«, sagte Siddhartha, »ich bin nicht in Not geraten und bin nie in Not gewesen. Wisse, daß ich von den Samanas komme, bei welchen ich lange Zeit gelebt habe.«

»Wenn du von den Samanas kommst, wie solltest du da nicht in Not sein? Sind nicht die Samanas völlig besitzlos?«

»Besitzlos bin ich«, sagte Siddhartha, »wenn es das ist, was du meinst. Gewiß bin ich besitzlos. Doch bin ich es freiwillig, bin also nicht in Not.«

»Wovon aber willst du leben, wenn du besitzlos bist?«

»Ich habe daran noch nie gedacht, Herr. Ich bin mehr als drei Jahre besitzlos gewesen, und habe niemals daran gedacht, wovon ich leben solle.«

»So hast du vom Besitz anderer gelebt.«

»Vermutlich ist es so. Auch der Kaufmann lebt ja von der Habe anderer.«

»Wohl gesprochen. Doch nimmt er von den andern das Ihre nicht umsonst; er gibt ihnen seine Waren dafür.«

»So scheint es sich in der Tat zu verhalten. Jeder nimmt, jeder gibt, so ist das Leben.«

»Aber erlaube: wenn du besitzlos bist, was willst du geben?«

»Jeder gibt, was er hat. Der Krieger gibt Kraft, der Kaufmann gibt Ware, der Lehrer Lehre, der Bauer Reis, der Fischer Fische.«

»Sehr wohl. Und was ist es nun, was du zu geben hast? Was ist es, das du gelernt hast, das du kannst?«

»Ich kann denken. Ich kann warten. Ich kann fasten.«

»Das ist alles?«

»Ich glaube, es ist alles!«

»Und wozu nützt es? Zum Beispiel das Fasten – wozu ist es gut?«

»Es ist sehr gut, Herr. Wenn ein Mensch nichts zu essen hat, so ist Fasten das Allerklügste, was er tun kann. Wenn, zum Beispiel, Siddhartha nicht fasten gelernt hätte, so müßte er heute noch irgendeinen Dienst annehmen, sei es bei dir oder wo immer, denn der Hunger würde ihn dazu zwingen. So aber kann Siddhartha ruhig warten, er kennt keine Ungeduld, er kennt keine Notlage, lange kann er sich vom Hunger belagern lassen und kann dazu lachen. Dazu, Herr, ist Fasten gut.«

»Du hast recht, Samana. Warte einen Augenblick.«

Kamaswami ging hinaus und kehrte mit einer Rolle wieder, die er seinem Gaste hinreichte, indem er fragte: »Kannst du dies lesen?«

Siddhartha betrachtete die Rolle, in welcher ein Kaufvertrag niedergeschrieben war, und begann ihren Inhalt vorzulesen.

»Vortrefflich«, sagte Kamaswami. »Und willst du mir etwas auf dieses Blatt schreiben?«

Er gab ihm ein Blatt und einen Griffel, und Siddhartha schrieb und gab das Blatt zurück.

Kamaswami las: »Schreiben ist gut, Denken ist besser. Klugheit ist gut, Geduld ist besser.«

»Vorzüglich verstehst du zu schreiben«, lobte der Kaufmann. »Manches werden wir noch miteinander zu sprechen haben. Für heute bitte ich dich, sei mein Gast und nimm in diesem Hause Wohnung.«

Siddhartha dankte und nahm an, und wohnte nun im Hause des Händlers. Kleider wurden ihm gebracht und Schuhe, und ein Diener bereitete ihm täglich das Bad. Zweimal am Tage wurde eine reichliche Mahlzeit aufgetragen, Siddhartha aber aß nur einmal am Tage, und aß weder Fleisch noch trank er Wein. Kamaswami erzählte ihm von seinem Handel, zeigte ihm Waren und Magazine, zeigte ihm Berechnungen. Vieles Neue lernte Siddhartha kennen, er hörte viel und sprach wenig. Und der Worte Kamalas eingedenk, ordnete er sich niemals dem Kaufmann unter, zwang ihn, daß er ihn als seinesgleichen, ja als mehr denn seinesgleichen behandle. Kamaswami betrieb seine Geschäfte mit Sorglichkeit und oft mit Leidenschaft, Siddhartha aber betrachtete dies alles wie ein Spiel, dessen Regeln genau zu lernen er bemüht war, dessen Inhalt aber sein Herz nicht berührte.

Nicht lange war er in Kamaswamis Hause, da nahm er schon an seines Hausherrn Handel teil. Täglich aber zu der Stunde, die sie ihm nannte, besuchte er die schöne Kamala, in hübschen Kleidern, in feinen Schuhen, und bald brachte er ihr auch Geschenke mit. Vieles lehrte ihn ihr roter, kluger Mund. Vieles lehrte ihn ihre zarte, geschmeidige Hand. Ihn, der in der Liebe noch ein Knabe war und dazu neigte, sich blindlings und unersättlich in die Lust zu stürzen wie ins Bodenlose, lehrte sie von Grund auf die Lehre, daß man Lust nicht nehmen kann, ohne Lust zu geben, und daß jede Gebärde, jedes Streicheln, jede Berührung, jeder Anblick, jede kleinste Stelle des Körpers ihr Geheimnis hat, das zu wecken dem Wissenden Glück bereitet. Sie lehrte ihn, daß Liebende nach einer Liebesfeier nicht voneinander gehen dürfen, ohne eins das andere zu bewundern, ohne ebenso besiegt zu sein, wie gesiegt zu haben, so daß bei keinem von beiden Übersättigung und Öde entstehe und das böse Gefühl, mißbraucht zu haben oder mißbraucht worden zu sein. Wunderbare Stunden brachte er bei der schönen und klugen Künstlerin zu, wurde ihr Schüler, ihr Liebhaber, ihr Freund. Hier bei Kamala lag der Wert und Sinn seines jetzigen Lebens, nicht im Handel des Kamaswami.

Der Kaufmann übertrug ihm das Schreiben wichtiger Briefe und Verträge und gewöhnte sich daran, alle wichtigen Angelegenheiten mit ihm zu beraten. Er sah bald, daß Siddhartha von Reis und Wolle, von Schiffahrt und Handel wenig verstand, daß aber seine Hand eine glückliche war, und daß Siddhartha ihn, den Kaufmann, übertraf an Ruhe und Gleichmut, und in der Kunst des Zuhörenkönnens und Eindringens in fremde Menschen. »Dieser Brahmane«, sagte er zu einem Freunde, »ist kein richtiger Kaufmann und wird nie einer werden, nie ist seine Seele mit Leidenschaft bei den Geschäften. Aber er hat das Geheimnis jener Menschen, zu welchen der Erfolg von selber kommt, sei das nun ein angeborener guter Stern, sei es Zauber, sei es etwas, das er bei den Samanas gelernt hat. Immer scheint er mit den Geschäften nur zu spielen, nie gehen sie ganz in ihn ein, nie beherrschen sie ihn, nie fürchtet er Mißerfolg, nie bekümmert ihn ein Verlust.«

Der Freund riet dem Händler: »Gib ihm von den Geschäften, die er für dich treibt, ein Drittel vom Gewinn, laß ihn aber auch denselben Anteil des Verlustes treffen, wenn Verlust entsteht. So wird er eifriger werden.«

Kamaswami folgte dem Rat. Siddhartha aber kümmerte sich wenig darum. Traf ihn Gewinn, so nahm er ihn gleichmütig hin; traf ihn Verlust, so lachte er und sagte: »Ei sieh, dies ist also schlecht gegangen!«

Es schien in der Tat, als seien die Geschäfte ihm gleichgültig. Einmal reiste er in ein Dorf, um dort eine große Reisernte aufzukaufen. Als er ankam, war aber der Reis schon an einen andern Händler verkauft. Dennoch blieb Siddhartha manche Tage in jenem Dorf, bewirtete die Bauern, schenkte ihren Kindern Kupfermünzen, feierte eine Hochzeit mit und kam überaus zufrieden von der Reise zurück. Kamaswami machte ihm Vorwürfe, daß er nicht sogleich umgekehrt sei, daß er Zeit und Geld vergeudet habe. Siddhartha antwortete: »Laß das Schelten, lieber Freund! Noch nie ist mit Schelten etwas erreicht worden. Ist Verlust entstanden, so laß mich den Verlust tragen. Ich bin sehr zufrieden mit dieser Reise. Ich habe vielerlei Menschen kennengelernt, ein Brahmane ist mein Freund geworden, Kinder sind auf meinen Knien geritten, Bauern haben mir ihre Felder gezeigt, niemand hat mich für einen Händler gehalten.«

»Sehr hübsch ist dies alles«, rief Kamaswami unwillig, »aber tatsächlich bist du doch ein Händler, sollte ich meinen! Oder bist du denn nur zu deinem Vergnügen gereist?«

»Gewiß«, lachte Siddhartha, »gewiß bin ich zu meinem Vergnügen gereist. Wozu denn sonst? Ich habe Menschen und Gegenden kennengelernt, ich habe Freundlichkeit und Vertrauen genossen, ich habe Freundschaft gefunden. Sieh, Lieber, wenn ich Kamaswami gewesen wäre, so wäre ich sofort, als ich meinen Kauf vereitelt sah, voll Ärger und in Eile wieder zurückgereist, und Zeit und Geld wären in der Tat verloren gewesen. So aber habe ich gute Tage gehabt, habe gelernt, habe Freude genossen, habe weder mich noch andere durch Ärger und durch Eilfertigkeit geschädigt. Und wenn ich jemals wieder dorthin komme, vielleicht um eine spätere Ernte zu kaufen, oder zu welchem Zwecke es sei, so werden freundliche Menschen mich freundlich und heiter empfangen, und ich werde mich dafür loben, daß ich damals nicht Eile und Unmut gezeigt habe. Also laß gut sein, Freund, und schade dir nicht durch Schelten! Wenn der Tag kommt, an dem du sehen wirst: Schaden bringt mir dieser Siddhartha, dann sprich ein Wort, und Siddhartha wird seiner Wege gehen. Bis dahin aber laß uns einer mit dem andern zufrieden sein.«

Vergeblich waren auch die Versuche des Kaufmanns, Siddhartha zu überzeugen, daß er sein, Kamaswamis, Brot esse. Siddhartha aß sein eignes Brot, vielmehr sie beide aßen das Brot anderer, das Brot aller. Niemals hatte Siddhartha ein Ohr für Kamaswamis Sorgen, und Kamaswami machte sich viele Sorgen. War ein Geschäft im Gange, welchem Mißerfolg drohte, schien eine Warensendung verloren, schien ein Schuldner nicht zahlen zu können, nie konnte Kamaswami seinen Mitarbeiter überzeugen, daß es nützlich sei, Worte des Kummers oder des Zornes zu verlieren, Falten auf der Stirn zu haben, schlecht zu schlafen. Als ihm Kamaswami einstmals vorhielt, er habe alles, was er verstehe, von ihm gelernt, gab er zur Antwort: »Wolle mich doch nicht mit solchen Späßen zum besten haben! Von dir habe ich gelernt, wieviel ein Korb voll Fische kostet, und wieviel Zins man für geliehenes Geld fordern kann. Das sind deine Wissenschaften. Denken habe ich nicht bei dir gelernt, teurer Kamaswami, suche lieber du, es von mir zu lernen.«

In der Tat war seine Seele nicht beim Handel. Die Geschäfte waren gut, um ihm Geld für Kamala einzubringen, und sie brachten weit mehr ein, als er brauchte. Im übrigen war Siddharthas Teilnahme und Neugierde nur bei den Menschen, deren Geschäfte, Handwerke, Sorgen, Lustbarkeiten und Torheiten ihm früher fremd und fern gewesen waren wie der Mond. So leicht es ihm gelang, mit allen zu sprechen, mit allen zu leben, von allen zu lernen, so sehr ward ihm dennoch bewußt, daß etwas sei, was ihn von ihnen trennte, und dies Trennende war sein Samanatum. Er sah die Menschen auf eine kindliche oder tierhafte Art dahinleben, welche er zugleich liebte und auch verachtete. Er sah sie sich mühen, sah sie leiden und grau werden um Dinge, die ihm dieses Preises ganz unwert schienen, um Geld, um kleine Lust, um kleine Ehren, er sah sie einander schelten und beleidigen, er sah sie um Schmerzen wehklagen, über die der Samana lächelt, und unter Entbehrungen leiden, die ein Samana nicht fühlt.

Allem stand er offen, was diese Menschen ihm zubrachten. Willkommen war ihm der Händler, der ihm Leinwand zum Kauf anbot, willkommen der Verschuldete, der ein Darlehen suchte, willkommen der Bettler, der ihm eine Stunde lang die Geschichte seiner Armut erzählte, und welcher nicht halb so arm war als ein jeder Samana. Den reichen ausländischen Händler behandelte er nicht anders als den Diener, der ihn rasierte, und den Straßenverkäufer, von dem er sich beim Bananenkauf um kleine Münze betrügen ließ. Wenn Kamaswami zu ihm kam, um über seine Sorgen zu klagen oder ihm wegen eines Geschäftes Vorwürfe zu machen, so hörte er neugierig und heiter zu, wunderte sich über ihn, suchte ihn zu verstehen, ließ ihn ein wenig recht haben, ebensoviel als ihm unentbehrlich schien, und wandte sich von ihm ab, dem Nächsten zu, der ihn begehrte. Und es kamen viele zu ihm, viele, um mit ihm zu handeln, viele, um ihn zu betrügen, viele, um ihn auszuhorchen, viele, um sein Mitleid anzurufen, viele, um seinen Rat zu hören. Er gab Rat, er bemitleidete, er schenkte, er ließ sich ein wenig betrügen, und dieses ganze Spiel und die Leidenschaft, mit welcher alle Menschen dies Spiel betrieben, beschäftigte seine Gedanken ebensosehr, wie einst die Götter und das Brahman sie beschäftigt hatten.

Zuzeiten spürte er, tief in der Brust, eine ⌜sterbende, leise Stimme⌝, die mahnte leise, klagte leise, kaum daß er sie vernahm. Alsdann kam ihm für eine Stunde zum Bewußtsein, daß er ein seltsames Leben führe, daß er da lauter Dinge tue, die bloß ein Spiel waren, daß er wohl heiter sei und zuweilen Freude fühle, daß aber das eigentliche Leben dennoch an ihm vorbeifließe und ihn nicht berühre. Wie ein Ballspieler mit seinen Bällen spielt, so spielte er mit seinen Geschäften, mit den Menschen seiner Umgebung, sah ihnen zu, fand seinen Spaß an ihnen; mit dem Herzen, mit der Quelle seines Wesens war er nicht dabei. Die Quelle lief irgendwo, wie fern von ihm, lief und lief unsichtbar, hatte nichts mehr mit seinem Leben zu tun. Und einigemal erschrak er ob solchen Gedanken und wünschte sich, es möge doch auch ihm gegeben sein, bei all dem kindlichen Tun des Tages mit Leidenschaft und mit dem Herzen beteiligt zu sein, wirklich zu leben, wirklich zu tun, wirklich zu genießen und zu leben, statt nur so als ein Zuschauer daneben zu stehen.

Immer aber kam er wieder zur schönen Kamala, lernte Liebeskunst, übte den Kult der Lust, bei welchem mehr als irgendwo Geben und Nehmen zu einem wird, plauderte mit ihr, lernte von ihr, gab ihr Rat, empfing Rat. Sie verstand ihn besser, als Govinda ihn einst verstanden hatte, sie war ihm ähnlicher.

Einmal sagte er zu ihr: »Du bist wie ich, du bist anders als die meisten Menschen. Du bist Kamala, nichts andres, und in dir innen ist eine Stille und Zuflucht, in welche du zu jeder Stunde eingehen und bei dir daheim sein kannst, so wie auch ich es kann. Wenige Menschen haben das, und doch könnten alle es haben.«

»Nicht alle Menschen sind klug«, sagte Kamala.

»Nein«, sagte Siddhartha, »nicht daran liegt es. Kamaswami ist ebenso klug wie ich, und hat doch keine Zuflucht in sich. Andre haben sie, die an Verstand kleine Kinder sind. Die meisten Menschen, Kamala, sind wie ein fallendes Blatt, das weht und dreht sich durch die Luft, und schwankt, und taumelt zu Boden. Andre aber, wenige, sind wie Sterne, die gehen eine feste Bahn, kein Wind erreicht sie, in sich selber haben sie ihr Gesetz und ihre Bahn. Unter allen Gelehrten und Samanas, deren ich viele kannte, war einer von dieser Art ein Vollkommener, nie kann ich ihn vergessen. Es ist jener Gotama, der Erhabene, der Verkünder jener Lehre. Tausend Jünger hören jeden Tag seine Lehre, folgen jeder Stunde seiner Vorschrift, aber sie alle sind fallendes Laub, nicht in sich selbst haben sie Lehre und Gesetz.«

Kamala betrachtete ihn mit Lächeln. »Wieder redest du von ihm«, sagte sie, »wieder hast du Samanagedanken.«

Siddhartha schwieg, und sie spielten das Spiel der Liebe, eines von den dreißig oder vierzig verschiedenen Spielen, welche Kamala wußte. Ihr Leib war biegsam wie der eines Jaguars und wie der Bogen eines Jägers; wer von ihr die Liebe gelernt hatte, war vieler Lüste, vieler Geheimnisse kundig. Lange spielte sie mit Siddhartha, lockte ihn, wies ihn zurück, zwang ihn, umspannte ihn, freute sich seiner Meisterschaft, bis er besiegt war und erschöpft an ihrer Seite ruhte.

Die ⌜Hetäre⌝ beugte sich über ihn, sah lang in sein Gesicht, in seine müdgewordenen Augen.

»Du bist der beste Liebende«, sagte sie nachdenklich, »den ich gesehen habe. Du bist stärker als andre, biegsamer, williger. Gut hast du meine Kunst gelernt, Siddhartha. Einst, wenn ich älter bin, will ich von dir ein Kind haben. Und dennoch, Lieber, bist du ein Samana geblieben, dennoch liebst du mich nicht, du liebst keinen Menschen. Ist es nicht so?«

»Es mag wohl so sein«, sagte Siddhartha müde. »Ich bin wie du. Auch du liebst nicht – wie könntest du sonst die Liebe als eine Kunst betreiben? Die Menschen von unserer Art können vielleicht nicht lieben. Die Kindermenschen können es; das ist ihr Geheimnis.«

⌜*Sansara*⌝

Lange Zeit hatte Siddhartha das Leben der Welt und der Lüste gelebt, ohne ihm doch anzugehören. Seine Sinne, die er in heißen Samana-Jahren ertötet hatte, waren wieder erwacht, er hatte Reichtum gekostet, hatte Wollust gekostet, hatte Macht gekostet; dennoch war er lange Zeit im Herzen noch ein Samana geblieben, dies hatte Kamala, die Kluge, richtig erkannt. Immer war es die Kunst des Denkens, des Wartens, des Fastens, von welcher sein Leben gelenkt wurde, immer noch waren die Menschen der Welt, die Kindermenschen, ihm fremd geblieben, wie er ihnen fremd war.

Die Jahre liefen dahin, in Wohlergehen eingehüllt fühlte Siddhartha ihr Schwinden kaum. Er war reich geworden, er besaß längst ein eigenes Haus und eigene Dienerschaft, und einen Garten vor der Stadt am Flusse. Die Menschen hatten ihn gerne, sie kamen zu ihm, wenn sie Geld oder Rat brauchten, niemand aber stand ihm nahe, außer Kamala.

Jenes hohe, helle Wachsein, welches er einst, auf der Höhe seiner Jugend, erlebt hatte, in den Tagen nach Gotamas Predigt, nach der Trennung von Govinda, jene gespannte Erwartung, jenes stolze Alleinstehen ohne Lehren und ohne Lehrer, jene geschmeidige Bereitschaft, die göttliche Stimme im eigenen Herzen zu hören, war allmählich Erinnerung geworden, war vergänglich gewesen; fern und leise rauschte die heilige Quelle, die einst nahe gewesen war, die einst in ihm selber gerauscht hatte. Vieles zwar, das er von den Samanas gelernt, das er von Gotama gelernt, das er von seinem Vater, dem Brahmanen, gelernt hatte, war noch lange Zeit in ihm geblieben: mäßiges Leben, Freude am Denken, Stunden der Versenkung, heimliches Wissen vom Selbst, vom ewigen Ich, das nicht Körper noch Bewußtsein ist. Manches davon war in ihm geblieben, eines ums andere aber war untergesunken und hatte sich mit Staub bedeckt. Wie die Scheibe des Töpfers, einmal angetrieben, sich noch lange dreht und nur langsam ermüdet und ausschwingt, so hatte in Siddharthas Seele das Rad der Askese, das Rad des Denkens, das Rad der Unterscheidung lange weiter geschwungen, schwang immer noch, aber es schwang langsam und zögernd und war dem Stillstand nahe. Langsam, wie Feuchtigkeit in den absterbenden Baumstrunk dringt, ihn langsam füllt und faulen macht, war Welt und Trägheit in Siddharthas Seele gedrungen, langsam füllte sie seine Seele, machte sie schwer, machte sie müde, schläferte sie ein. Dafür waren seine Sinne lebendig geworden, viel hatten sie gelernt, viel erfahren.

Siddhartha hatte gelernt, Handel zu treiben, Macht über Menschen auszuüben, sich mit dem Weibe zu vergnügen, er hatte gelernt, schöne Kleider zu tragen, Dienern zu befehlen, sich in wohlriechenden Wassern zu baden. Er hatte gelernt, zart und sorgfältig bereitete Speisen zu essen, auch den Fisch, auch Fleisch und Vogel, Gewürze und Süßigkeiten, und den Wein zu trinken, der träge und vergessen macht. Er hatte gelernt, mit Würfeln und auf dem Schachbrette zu spielen, Tänzerinnen zuzusehen, sich in der Sänfte tragen zu lassen, auf einem weichen Bett zu schlafen. Aber immer noch hatte er sich von den andern verschieden und ihnen überlegen gefühlt, immer hatte er ihnen mit ein wenig Spott zugesehen, mit ein wenig spöttischer Verachtung, mit ebenjener Verachtung, wie sie ein Samana stets für Weltleute fühlt. Wenn Kamaswami kränklich war, wenn er ärgerlich war, wenn er sich beleidigt fühlte, wenn er von seinen Kaufmannssorgen geplagt wurde, immer hatte Siddhartha es mit Spott angesehen. Langsam und unmerklich nur, mit den dahingehenden Erntezeiten und Regenzeiten, war sein Spott müder geworden, war seine Überlegenheit stiller geworden. Langsam nur, zwischen seinen wachsenden Reichtümern, hatte Siddhartha selbst etwas von der Art der Kindermenschen angenommen, etwas von ihrer Kindlichkeit und von ihrer Ängstlichkeit. Und doch beneidete er sie, beneidete sie desto mehr, je ähnlicher er ihnen wurde. Er beneidete sie um das Eine, was ihm fehlte und was sie hatten, um die Wichtigkeit, welche sie ihrem Leben beizulegen vermochten, um die Leidenschaftlichkeit ihrer Freuden und Ängste, um das bange, aber süße Glück ihrer ewigen Verliebtheit. In sich selbst, in Frauen, in ihre Kinder, in Ehre oder Geld, in Pläne oder Hoffnungen verliebt waren diese Menschen immerzu. Er aber lernte dies nicht von ihnen, gerade dies nicht, diese Kinderfreude und Kindertorheit; er lernte von ihnen gerade das Unangenehme, was er selbst verachtete. Es geschah immer öfter, daß er am Morgen nach einem geselligen Abend lange liegenblieb und sich dumm und müde fühlte. Es geschah, daß er ärgerlich und ungeduldig wurde, wenn Kamaswami ihn mit seinen Sorgen langweilte. Es geschah, daß er ⌜allzu laut lachte⌝, wenn er im Würfelspiel verlor. Sein Gesicht war noch immer klüger und geistiger als andre, aber es lachte selten, und nahm einen um den andern jene Züge an, die man ⌜im Gesicht reicher Leute⌝ so häufig findet, jene Züge der Unzufriedenheit, der Kränklichkeit, des Mißmutes, der Trägheit, der Lieblosigkeit. Langsam ergriff ihn die Seelenkrankheit der Reichen.

Wie ein Schleier, wie ein dünner Nebel senkte sich Müdigkeit über Siddhartha, langsam, jeden Tag ein wenig dichter, jeden Monat ein wenig trüber, jedes Jahr ein wenig schwerer. Wie ein neues Kleid mit der Zeit alt wird, mit der Zeit seine schöne Farbe verliert, Flecken bekommt, Falten bekommt, an den Säumen abgestoßen wird und hier und dort blöde, fädige Stellen zu zeigen beginnt, so war Siddharthas neues Leben, das er nach seiner Trennung von Govinda begonnen hatte, alt geworden, so verlor es mit den hinrinnenden Jahren Farbe und Glanz, so sammelten sich Falten und Flecken auf ihm, und im Grunde verborgen, hier und dort schon häßlich hervorblickend, wartete Enttäuschung und Ekel. Siddhartha merkte es nicht. Er merkte nur, daß jene helle und sichere Stimme seines Innern, die einst in ihm erwacht war und ihn in seinen glänzenden Zeiten je und je geleitet hatte, schweigsam geworden war.

Die Welt hatte ihn eingefangen, die Lust, die Begehrlichkeit, die Trägheit, und zuletzt auch noch jenes Laster, das er als das törichteste stets am meisten verachtet und gehöhnt hatte: die Habgier. Auch das Eigentum, der Besitz und Reichtum hatte ihn schließlich eingefangen, war ihm kein Spiel und Tand mehr, war Kette und Last geworden. Auf einem seltsamen und listigen Wege war Siddhartha in diese letzte und schnödeste Abhängigkeit geraten, durch das Würfelspiel. Seit der Zeit nämlich, da er im Herzen aufgehört hatte, ein Samana zu sein, begann Siddhartha das Spiel um Geld und Kostbarkeiten, das er sonst lächelnd und lässig als eine Sitte der Kindermenschen mitgemacht hatte, mit einer zunehmenden Wut und Leidenschaft zu treiben. Er war ein gefürchteter Spieler, wenige wagten es mit ihm, so hoch und frech waren seine Einsätze. Er trieb das Spiel aus der Not seines Herzens, das Verspielen und Verschleudern des elenden Geldes schuf ihm eine zornige Freude, auf keine andere Weise konnte er seine Verachtung des Reichtums, des Götzen der Kaufleute, deutlicher und höhnischer zeigen. So spielte er hoch und schonungslos, sich selbst hassend, sich selbst verhöhnend, strich Tausende ein, warf Tausende weg, verspielte Geld, verspielte Schmuck, verspielte ein Landhaus, gewann wieder, verspielte wieder. Jene Angst, jene furchtbare und beklemmende Angst, welche er während des Würfelns, während des Bangens um hohe Einsätze empfand, jene Angst liebte er und suchte sie immer zu erneuern, immer zu steigern, immer höher zu kitzeln, denn in diesem Gefühl allein noch fühlte er etwas wie Glück, etwas wie Rausch, etwas wie erhöhtes Leben inmitten seines gesättigten, lauen, faden Lebens. Und nach jedem großen Verluste sann er auf neuen Reichtum, ging eifriger dem Handel nach, zwang strenger seine Schuldner zum Zahlen, denn er wollte weiterspielen, er wollte weitervergeuden, weiter dem Reichtum seine Verachtung zeigen. Siddhartha verlor die Gelassenheit bei Verlusten, er verlor die Geduld gegen säumige Zahler, verlor die Gutmütigkeit gegen Bettler, verlor die Lust am Verschenken und Wegleihen des Geldes an Bittende. Er, der zehntausend auf einen Wurf verspielte und dazu lachte, wurde im Handel strenger und kleinlicher, träumte nachts zuweilen von Geld! Und sooft er aus dieser häßlichen Bezauberung erwachte, sooft er sein Gesicht im Spiegel an der Schlafzimmerwand gealtert und häßlicher geworden sah, sooft Scham und Ekel ihn überfiel, floh er weiter, floh in neues Glücksspiel, floh in Betäubungen der Wollust, des Weines, und von da zurück in den Trieb des Häufens und Erwerbens. In diesem sinnlosen Kreislauf lief er sich müde, lief er sich alt, lief sich krank.

Da mahnte ihn einst ein Traum. Er war die Abendstunden bei Kamala gewesen, in ihrem schönen Lustgarten. Sie waren unter den Bäumen gesessen, im Gespräch, und Kamala hatte nachdenkliche Worte gesagt, Worte, hinter welchen sich eine Trauer und Müdigkeit verbarg. Von Gotama hatte sie ihn gebeten zu erzählen, und konnte nicht genug von ihm hören, wie rein sein Auge, wie still und schön sein Mund, wie gütig sein Lächeln, wie friedevoll sein Gang gewesen. Lange hatte er ihr vom erhabenen Buddha erzählen müssen, und Kamala hatte geseufzt, und hatte gesagt: »Einst, vielleicht bald, werde auch ich diesem Buddha folgen. Ich werde ihm meinen Lustgarten schenken, und werde meine Zuflucht zu seiner Lehre nehmen.«

Darauf aber hatte sie ihn gereizt und ihn im Liebesspiel mit schmerzlicher Inbrunst an sich gefesselt, unter Bissen und unter Tränen, als wolle sie noch einmal aus dieser eiteln, vergänglichen Lust den letzten süßen Tropfen pressen. Nie war es Siddhartha so seltsam klargeworden, wie nahe die Wollust dem Tode verwandt ist. Dann war er an ihrer Seite gelegen, und Kamalas Antlitz war ihm nahe gewesen, und unter ihren Augen und neben ihren Mundwinkeln hatte er, deutlich wie noch niemals, eine ⌜bange Schrift gelesen⌝, eine Schrift von feinen Linien, von leisen Furchen, eine Schrift, die an den Herbst und an das Alter erinnerte, wie denn auch Siddhartha selbst, der erst in den Vierzigern stand, schon hier und dort ergraute Haare zwischen seinen schwarzen bemerkt hatte. Müdigkeit stand auf Kamalas schönem Gesicht geschrieben, Müdigkeit vom Gehen eines langen Weges, der kein frohes Ziel hat, Müdigkeit und beginnende Welke, und verheimlichte, noch nicht gesagte, vielleicht noch nicht einmal gewußte Bangigkeit: Furcht vor dem Alter, Furcht vor dem Herbste, Furcht vor dem Sterbenmüssen. Seufzend hatte er von ihr Abschied genommen, die Seele voll Unlust und voll verheimlichter Bangigkeit.

Dann hatte Siddhartha die Nacht in seinem Hause mit Tänzerinnen beim Weine zugebracht, hatte gegen seine

Standesgenossen den Überlegenen gespielt, welcher er nicht mehr war, hatte viel Wein getrunken und spät nach Mitternacht sein Lager aufgesucht, müde und dennoch erregt, dem Weinen und der Verzweiflung nahe, und hatte lang vergeblich den Schlaf gesucht, das Herz voll eines Elendes, das er nicht mehr ertragen zu können meinte, voll eines Ekels, von dem er sich durchdrungen fühlte wie vom lauen, widerlichen Geschmack des Weines, der allzu süßen, öden Musik, dem allzu weichen Lächeln der Tänzerinnen, dem allzu süßen Duft ihrer Haare und Brüste. Mehr aber als vor allem anderen ekelte ihm vor sich selbst, vor seinen duftenden Haaren, vor dem Weingeruch seines Mundes, vor der schlaffen Müdigkeit und Unlust seiner Haut. Wie wenn einer, der allzuviel gegessen oder getrunken hat, es unter Qualen wieder erbricht und doch der Erleichterung froh ist, so wünschte sich der Schlaflose, in einem ungeheuren Schwall von Ekel sich dieser Genüsse, dieser Gewohnheiten, dieses ganzen sinnlosen Lebens und seiner selbst zu entledigen. Erst beim Schein des Morgens und dem Erwachen der ersten Geschäftigkeit auf der Straße vor seinem Stadthause war er eingeschlummert, hatte für wenige Augenblicke eine halbe Betäubung, eine Ahnung von Schlaf gefunden. In diesen Augenblicken hatte er einen Traum:

⌜Kamala besaß in einem goldenen Käfig einen kleinen seltenen Singvogel. Von diesem Vogel träumte er. Er träumte: dieser Vogel war stumm geworden, der sonst stets in der Morgenstunde sang, und da dies ihm auffiel, trat er vor den Käfig und blickte hinein, da war der kleine Vogel tot und lag steif am Boden. Er nahm ihn heraus, wog ihn einen Augenblick in der Hand und warf ihn dann weg, auf die Gasse hinaus, und im gleichen Augenblick erschrak er furchtbar, und das Herz tat ihm weh, so, als habe er mit diesem toten Vogel allen Wert und alles Gute von sich geworfen.⌝

Aus diesem Traum auffahrend, fühlte er sich von tiefer Traurigkeit umfangen. Wertlos, so schien ihm, wertlos und sinnlos hatte er sein Leben dahingeführt; nichts Lebendiges, nichts irgendwie Köstliches oder Behaltenswertes war ihm in Händen geblieben. Allein stand er und leer, wie ein Schiffbrüchiger am Ufer.

Finster begab sich Siddhartha in einen Lustgarten, der ihm gehörte, verschloß die Pforte, setzte sich unter einem Mangobaum nieder, fühlte den Tod im Herzen und das Grauen in der Brust, saß und spürte, wie es in ihm starb, in ihm welkte, in ihm zu Ende ging. Allmählich sammelte er seine Gedanken und ging im Geiste nochmals den ganzen Weg seines Lebens, von den ersten Tagen an, auf welche er sich besinnen konnte. Wann denn hatte er ein Glück erlebt, eine wahre Wonne gefühlt? O ja, mehrere Male hatte er solches erlebt. In den Knabenjahren hatte er es gekostet, wenn er von den Brahmanen Lob errungen hatte, wenn er, den Altersgenossen weit voraus, sich mit dem Hersagen der heiligen Verse, im Disput mit den Gelehrten, als Gehilfe beim Opfer ausgezeichnet hatte. Da hatte er es in seinem Herzen gefühlt: »Ein Weg liegt vor dir, zu dem du berufen bist, auf dich warten die Götter.« Und wieder als Jüngling, da ihn das immer höher emporfliehende Ziel alles Nachdenkens aus der Schar Gleichstrebender heraus- und hinangerissen hatte, da er in Schmerzen um den Sinn des Brahman rang, da jedes erreichte Wissen nur neuen Durst in ihm entfachte, da wieder hatte er, mitten im Durst, mitten im Schmerze dieses selbe gefühlt: »Weiter! Weiter! Du bist berufen!« Diese Stimme hatte er vernommen, als er seine Heimat verlassen und das Leben des Samana gewählt hatte, und wieder, als er von den Samanas hinweg zu jenem Vollendeten, und auch von ihm hinweg ins Ungewisse gegangen war. Wie lange hatte er diese Stimme nicht gehört, wie lange keine Höhe mehr erreicht, wie eben und öde war sein Weg dahingegangen, viel lange Jahre, ohne hohes Ziel, ohne

Durst, ohne Erhebung, mit kleinen Lüsten zufrieden und dennoch nie begnügt! Alle diese Jahre hatte er, ohne es selbst zu wissen, sich bemüht und danach gesehnt, ein Mensch wie diese vielen zu werden, wie diese Kinder, und dabei war sein Leben viel elender und ärmer gewesen als das ihre, denn ihre Ziele waren nicht die seinen, noch ihre Sorgen, diese ganze Welt der Kamaswami-Menschen war ihm ja nur ein Spiel gewesen, ein Tanz, dem man zusieht, eine Komödie. Einzig Kamala war ihm lieb, war ihm wertvoll gewesen – aber war sie es noch? Brauchte er sie noch, oder sie ihn? Spielten sie nicht ein Spiel ohne Ende? War es notwendig, dafür zu leben? Nein, es war nicht notwendig! Dieses Spiel hieß Sansara, ein Spiel für Kinder, ein Spiel, vielleicht hold zu spielen, einmal, zweimal, zehnmal – aber immer und immer wieder?

Da wußte Siddhartha, daß das Spiel zu Ende war, daß er es nicht mehr spielen könne. Ein Schauder lief ihm über den Leib, in seinem Innern, so fühlte er, war etwas gestorben.

Jenen ganzen Tag saß er unter dem Mangobaume, seines Vaters gedenkend, Govindas gedenkend, Gotamas gedenkend. Hatte er diese verlassen müssen, um ein Kamaswami zu werden? Er saß noch, als die Nacht angebrochen war. Als er aufschauend die Sterne erblickte, dachte er: »Hier sitze ich unter meinem Mangobaume, in meinem Lustgarten.« Er lächelte ein wenig – war es denn notwendig, war es richtig, war es nicht ein törichtes Spiel, daß er einen Mangobaum, daß er einen Garten besaß?

Auch damit schloß er ab, auch das starb in ihm. Er erhob sich, nahm Abschied vom Mangobaum, Abschied vom Lustgarten. Da er den Tag ohne Speise geblieben war, fühlte er heftigen Hunger, und gedachte an sein Haus in der Stadt, an sein Gemach und Bett, an den Tisch mit den Speisen. Er lächelte müde, schüttelte sich und nahm Abschied von diesen Dingen.

In derselben Nachtstunde verließ Siddhartha seinen Garten, verließ die Stadt und kam niemals wieder. Lange ließ Kamaswami nach ihm suchen, der ihn in Räuberhand gefallen glaubte. Kamala ließ nicht nach ihm suchen. Als sie erfuhr, daß Siddhartha verschwunden sei, wunderte sie sich nicht. Hatte sie es nicht immer erwartet? War er nicht ein Samana, ein Heimloser, ein Pilger? Und am meisten hatte sie dies beim letzten Zusammensein gefühlt, und sie freute sich mitten im Schmerz des Verlustes, daß sie ihn dieses letzte Mal noch so innig an ihr Herz gezogen, sich noch einmal so ganz von ihm besessen und durchdrungen gefühlt hatte.

Als sie die erste Nachricht von Siddharthas Verschwinden bekam, trat sie ans Fenster, wo sie in einem goldenen Käfig einen seltenen Singvogel gefangenhielt. ⌜Sie öffnete die Tür des Käfigs⌝, nahm den Vogel heraus und ließ ihn fliegen. Lange sah sie ihm nach, dem fliegenden Vogel. Sie empfing von diesem Tage an keine Besucher mehr und hielt ihr Haus verschlossen. Nach einiger Zeit aber ward sie inne, daß sie von dem letzten Zusammensein mit Siddhartha schwanger sei.

Am Flusse

Siddhartha wanderte im Walde, schon fern von der Stadt, und wußte nichts als das eine, daß er nicht mehr zurückkonnte, daß dies Leben, wie er es nun viele Jahre lang geführt, vorüber und dahin und bis zum Ekel ausgekostet und ausgesogen war. Tot war der Singvogel, von dem er geträumt. Tot war der Vogel in seinem Herzen. Tief war er in Sansara verstrickt, Ekel und Tod hatte er von allen Seiten in sich eingesogen, wie ein Schwamm Wasser einsaugt, bis er voll ist. Voll war er von Überdruß, voll von Elend, voll von Tod, nichts mehr gab es in der Welt, das ihn locken, das ihn freuen, das ihn trösten konnte. Sehnlich wünschte er, nichts mehr von sich zu wissen, Ruhe zu haben, tot zu sein. Käme doch ein Blitz und erschlüge ihn! Käme doch ein Tiger und fräße ihn! Gäbe es doch einen Wein, ein Gift, das ihm Betäubung brächte, Vergessen und Schlaf, und kein Erwachen mehr! Gab es denn noch irgendeinen Schmutz, mit dem er sich nicht beschmutzt hatte, eine Sünde und Torheit, die er nicht begangen, eine Seelenöde, die er nicht auf sich geladen hatte? War es denn noch möglich zu leben? War es möglich, nochmals und nochmals wieder Atem zu ziehen, Atem auszustoßen, Hunger zu fühlen, wieder zu essen, wieder zu schlafen, wieder beim Weibe zu liegen? War dieser Kreislauf nicht für ihn erschöpft und abgeschlossen?

Siddhartha gelangte an den großen Fluß im Walde, an denselben Fluß, über welchen ihn einst, als er noch ein junger Mann war und von der Stadt des Gotama kam, ein Fährmann geführt hatte. An diesem Flusse machte er halt, blieb zögernd beim Ufer stehen. Müdigkeit und Hunger hatten ihn geschwächt, und wozu auch sollte er weitergehen, wohin denn, zu welchem Ziel? Nein, es gab keine Ziele mehr, es gab nichts mehr als die tiefe, leidvolle Sehnsucht, diesen ganzen wüsten Traum von sich zu schütteln, diesen schalen Wein von sich zu speien, diesem jämmerlichen und schmachvollen Leben ein Ende zu machen.

Über das Flußufer hing ein Baum gebeugt, ein Kokosbaum, an dessen Stamm lehnte sich Siddhartha mit der Schulter, legte den Arm um den Stamm und blickte in das grüne Wasser hinab, das unter ihm zog und zog, blickte hinab und fand sich ganz und gar von dem Wunsche erfüllt, sich loszulassen und in diesem Wasser unterzugehen. Eine schauerliche Leere spiegelte ihm aus dem Wasser entgegen, welcher die furchtbare Leere in seiner Seele Antwort gab. Ja, er war am Ende. Nichts mehr gab es für ihn, als sich auszulöschen, als das mißlungene Gebilde seines Lebens zu zerschlagen, es wegzuwerfen, hohnlachenden Göttern vor die Füße. Dies war das große Erbrechen, nach dem er sich gesehnt hatte: der Tod, das Zerschlagen der Form, die er haßte! Mochten ihn die Fische fressen, diesen Hund von Siddhartha, diesen Irrsinnigen, diesen verdorbenen und verfaulten Leib, diese erschlaffte und mißbrauchte Seele! Mochten die Fische und Krokodile ihn fressen, mochten die Dämonen ihn zerstücken!

Mit verzerrtem Gesichte starrte er ins Wasser, sah sein Gesicht gespiegelt und spie danach. In tiefer Müdigkeit löste er den Arm vom Baumstamme und drehte sich ein wenig, um sich senkrecht hinabfallen zu lassen, um endlich unterzugehen. Er sank, mit geschlossenen Augen, dem Tod entgegen.

Da zuckte aus entlegenen Bezirken seiner Seele, aus Vergangenheiten seines ermüdeten Lebens her ein Klang. Es war ein Wort, eine Silbe, die er ohne Gedanken mit lallender Stimme vor sich hinsprach, das alte Anfangswort und Schlußwort aller brahmanischen Gebete, das heilige »Om«, das so viel bedeutet wie »das Vollkommene« oder »die Vollendung«. Und im Augenblick, da der Klang »Om« Siddharthas Ohr berührte, erwachte sein entschlummerter Geist plötzlich, und erkannte die Torheit seines Tuns.

Siddhartha erschrak tief. So also stand es um ihn, so verloren war er, so verirrt und von allem Wissen verlassen, daß er den Tod hatte suchen können, daß dieser Wunsch, dieser Kinderwunsch in ihm hatte groß werden können: Ruhe zu finden, indem er seinen Leib auslöschte! Was alle Qual dieser letzten Zeiten, alle Ernüchterung, alle Verzweiflung nicht bewirkt hatte, das bewirkte dieser Augenblick, da das Om in sein Bewußtsein drang: daß er sich in seinem Elend und in seinem Irrsal erkannte.

»Om!« sprach er vor sich hin: »Om!« Und wußte um Brahman, wußte um die Unzerstörbarkeit des Lebens, wußte um alles Göttliche wieder, das er vergessen hatte.

Doch war dies nur ein Augenblick, ein Blitz. Am Fuß des Kokosbaumes sank Siddhartha nieder, legte sein Haupt auf die Wurzel des Baumes und sank in tiefen Schlaf.

Tief war sein Schlaf und frei von Träumen, seit langer Zeit hatte er einen solchen Schlaf nicht mehr gekannt. Als er nach manchen Stunden erwachte, war ihm, als seien zehn Jahre vergangen, er hörte das leise Strömen des Wassers, wußte nicht, wo er sei und wer ihn hierhergebracht habe, schlug die Augen auf, sah mit Verwunderung Bäume und Himmel über sich, und erinnerte sich, wo er wäre und wie er hierhergekommen sei. Doch bedurfte er hierzu einer langen Weile, und das Vergangene erschien ihm wie von einem Schleier überzogen, unendlich fern, unendlich weit weg gelegen, unendlich gleichgültig. Er wußte nur, daß er sein früheres Leben (im ersten Augenblick der Besinnung erschien ihm dies frühere Leben wie eine weit zurücklie-gende, einstige Verkörperung, wie eine frühe Vorgeburt seines jetzigen Ich) –, daß er sein früheres Leben verlassen habe, daß er voll Ekel und Elend sogar sein Leben habe wegwerfen wollen, daß er aber an einem Flusse, unter ei-nem Kokosbaume, zu sich gekommen sei, das heilige Wort Om auf den Lippen, dann entschlummert sei, und nun er-wacht als ein neuer Mensch in die Welt blicke. Leise sprach er das Wort Om vor sich hin, über welchem er eingeschla-fen war, und ihm schien, sein ganzer langer Schlaf sei nichts als ein langes, versunkenes Om-Sprechen gewesen, ein Om-Denken, ein Untertauchen und völliges Eingehen in Om, in das Namenlose, Vollendete.

Was für ein wunderbarer Schlaf war dies doch gewesen! Niemals hatte ein Schlaf ihn so erfrischt, so erneut, so ver-jüngt! Vielleicht war er wirklich gestorben, war unterge-gangen und in einer neuen Gestalt wiedergeboren? Aber nein, er kannte sich, er kannte seine Hand und seine Füße, kannte den Ort, an dem er lag, kannte dies Ich in seiner Brust, diesen Siddhartha, den Eigenwilligen, den Seltsamen, aber dieser Siddhartha war dennoch verwandelt, war erneut, war merkwürdig ausgeschlafen, merkwürdig wach, freudig und neugierig.

Siddhartha richtete sich empor, da sah er sich gegenüber einen Menschen sitzen, einen fremden Mann, einen Mönch in gelbem Gewande mit rasiertem Kopfe, in der Stellung des Nachdenkens. Er betrachtete den Mann, der weder Haupthaar noch Bart an sich hatte, und nicht lange hatte er ihn betrachtet, da erkannte er in diesem Mönche Govinda, den Freund seiner Jugend, Govinda, der seine Zuflucht zum erhabenen Buddha genommen hatte. Govinda war gealtert, auch er, aber noch immer trug sein Gesicht die alten Züge, sprach von Eifer, von Treue, von Suchen, von Ängstlichkeit. Als nun aber Govinda, seinen Blick fühlend, das Auge aufschlug und ihn anschaute, sah Siddhartha, daß Govinda ihn nicht erkenne. Govinda freute sich, ihn wach zu finden, offenbar hatte er lange hier gesessen und auf sein Erwachen gewartet, obwohl er ihn nicht kannte.

»Ich habe geschlafen«, sagte Siddhartha. »Wie bist du denn hierhergekommen?«

»Du hast geschlafen«, antwortete Govinda. »Es ist nicht gut, an solchen Orten zu schlafen, wo häufig Schlangen sind und die Tiere des Waldes ihre Wege haben. Ich, o Herr, bin ein Jünger des erhabenen Gotama, des Buddha, des Sakyamuni, und bin mit einer Zahl der Unsrigen diesen Weg gepilgert, da sah ich dich liegen und schlafen an einem Orte, wo es gefährlich ist zu schlafen. Darum suchte ich dich zu wecken, o Herr, und da ich sah, daß dein Schlaf sehr tief war, blieb ich hinter den Meinigen zurück und saß bei dir. Und dann, so scheint es, bin ich selbst eingeschlafen, der ich deinen Schlaf bewachen wollte. Schlecht habe ich meinen Dienst versehen, Müdigkeit hat mich übermannt. Aber nun, da du ja wach bist, laß mich gehen, damit ich meine Brüder einhole.«

»Ich danke dir, Samana, daß du meinen Schlaf behütet hast«, sprach Siddhartha. »Freundlich seid ihr Jünger des Erhabenen. Nun magst du denn gehen.«

»Ich gehe, Herr. Möge der Herr sich immer wohl befinden.«

»Ich danke dir, Samana.«

Govinda machte das Zeichen des Grußes und sagte: »Lebe wohl.«

»Lebe wohl, Govinda«, sagte Siddhartha.

Der Mönch blieb stehen.

»Erlaube, Herr, woher kennst du meinen Namen?«

Da lächelte Siddhartha.

»Ich kenne dich, o Govinda, aus der Hütte deines Vaters, und aus der Brahmanenschule, und von den Opfern, und von unsrem Gang zu den Samanas, und von jener Stunde, da du im Hain Jetavana deine Zuflucht zum Erhabenen nahmest.«

»Du bist Siddhartha!« rief Govinda laut. »Jetzt erkenne ich dich, und begreife nicht mehr, wie ich dich nicht sogleich erkennen konnte. Sei willkommen, Siddhartha, groß ist meine Freude, dich wiederzusehen.«

»Auch mich erfreut es, dich wiederzusehen. Du bist der Wächter meines Schlafes gewesen, nochmals danke ich dir dafür, obwohl ich keines Wächters bedurft hätte. Wohin gehst du, o Freund?«

»Nirgendhin gehe ich. Immer sind wir Mönche unterwegs, solange nicht Regenzeit ist, immer ziehen wir von Ort zu Ort, leben nach der Regel, verkündigen die Lehre, nehmen Almosen, ziehen weiter. Immer ist es so. Du aber, Siddhartha, wo gehst du hin?«

Sprach Siddhartha: »Auch mit mir steht es so, Freund, wie mit dir. Ich gehe nirgendhin. Ich bin nur unterwegs. Ich pilgere.«

Govinda sprach: »Du sagst, du pilgerst, und ich glaube dir. Doch verzeih, o Siddhartha, nicht wie ein Pilger siehst du aus. Du trägst das Kleid eines Reichen, du trägst die Schuhe eines Vornehmen, und dein Haar, das nach wohlriechendem Wasser duftet, ist nicht das Haar eines Pilgers, nicht das Haar eines Samanas.«

»Wohl, Lieber, gut hast du beobachtet, alles sieht dein scharfes Auge. Doch habe ich nicht zu dir gesagt, daß ich ein Samana sei. Ich sagte: ich pilgere. Und so ist es: ich pilgere.«

»Du pilgerst«, sagte Govinda. »Aber wenige pilgern in solchem Kleide, wenige in solchen Schuhen, wenige mit solchen Haaren. Nie habe ich, der ich schon viele Jahre pilgere, solch einen Pilger angetroffen.«

»Ich glaube es dir, mein Govinda. Aber nun, heute, hast du eben einen solchen Pilger angetroffen, in solchen Schuhen, mit solchem Gewande. Erinnere dich, Lieber: vergänglich ist die Welt der Gestaltungen, vergänglich, höchst vergänglich sind unsere Gewänder, und die Tracht unserer Haare, und unsere Haare und Körper selbst. Ich trage die Kleider eines Reichen, da hast du recht gesehen. Ich trage sie, denn ich bin ein Reicher gewesen, und trage das Haar wie die Weltleute und Lüstlinge, denn einer von ihnen bin ich gewesen.«

»Und jetzt, Siddhartha, was bist du jetzt?«

»Ich weiß es nicht, ich weiß es so wenig wie du. Ich bin unterwegs. Ich war ein Reicher, und bin es nicht mehr; und was ich morgen sein werde, weiß ich nicht.«

»Du hast deinen Reichtum verloren?«

»Ich habe ihn verloren, oder er mich. Er ist mir abhanden gekommen. Schnell dreht sich das Rad der Gestaltungen, Govinda. Wo ist der Brahmane Siddhartha? Wo ist der Samana Siddhartha? Wo ist der Reiche Siddhartha? Schnell wechselt das Vergängliche, Govinda, du weißt es.«

Govinda blickte den Freund seiner Jugend lange an, Zweifel im Auge. Darauf grüßte er ihn, wie man Vornehme grüßt, und ging seines Weges.

Mit lächelndem Gesicht schaute Siddhartha ihm nach, er liebte ihn noch immer, diesen Treuen, diesen Ängstlichen. Und wie hätte er, in diesem Augenblick, in dieser herrlichen Stunde nach seinem wunderbaren Schlafe, durchdrungen von Om, irgend jemand und irgend etwas nicht lieben sollen! Eben darin bestand die Verzauberung, welche im Schlafe und durch das Om in ihm geschehen war, daß er alles liebte, daß er voll froher Liebe war zu allem, was er sah. Und eben daran, so schien es ihm jetzt, war er vorher so sehr krank gewesen, daß er nichts und niemand hatte lieben können.

Mit lächelndem Gesichte schaute Siddhartha dem hinweggehenden Mönche nach. Der Schlaf hatte ihn sehr gestärkt, sehr aber quälte ihn der Hunger, denn er hatte nun zwei Tage nichts gegessen, und lange war die Zeit vorüber, da er hart gegen den Hunger gewesen war. Mit Kummer, und doch auch mit Lachen, gedachte er jener Zeit. Damals, so erinnerte er sich, hatte er sich vor Kamala dreier Dinge gerühmt, hatte drei edle und unüberwindliche Künste gekonnt: Fasten – Warten – Denken. Dies war sein Besitz gewesen, seine Macht und Kraft, sein fester Stab, in den fleißigen, mühseligen Jahren seiner Jugend hatte er diese drei Künste gelernt, nichts anderes. Und nun hatten sie ihn verlassen, keine von ihnen war mehr sein, nicht Fasten, nicht Warten, nicht Denken. Um das Elendeste hatte er sie hingegeben, um das Vergänglichste, um Sinnenlust, um Wohlleben, um Reichtum! Seltsam war es ihm in der Tat ergangen. Und jetzt, so schien es, jetzt war er wirklich ein Kindermensch geworden.

Siddhartha dachte über seine Lage nach. Schwer fiel ihm das Denken, er hatte im Grunde keine Lust dazu, doch zwang er sich.

Nun, dachte er, da alle diese vergänglichsten Dinge mir wieder entglitten sind, nun stehe ich wieder unter der Sonne, wie ich einst als kleines Kind gestanden bin, nichts ist mein, nichts kann ich, nichts vermag ich, nichts habe ich gelernt. Wie ist dies wunderlich! Jetzt, wo ich nicht mehr jung bin, wo meine Haare schon halb grau sind, wo die Kräfte nachlassen, jetzt fange ich wieder von vorn und beim Kinde an! Wieder mußte er lächeln. Ja, seltsam war sein Geschick! Es ging abwärts mit ihm, und nun stand er wieder leer und nackt und dumm in der Welt. Aber Kummer darüber konnte er nicht empfinden, nein, er fühlte sogar großen Anreiz zum Lachen, zum Lachen über sich, zum Lachen über diese seltsame, törichte Welt.

»Abwärts geht es mit dir!« sagte er zu sich selber und lachte dazu, und wie er es sagte, ⌜fiel sein Blick auf den Fluß⌝, und auch den Fluß sah er abwärts gehen, immer abwärts wandern, und dabei singen und fröhlich sein. Das gefiel ihm wohl, freundlich lächelte er dem Flusse zu. War dies nicht der Fluß, in welchem er sich hatte ertränken wollen, einst, vor hundert Jahren, oder hatte er das geträumt?

Wunderlich in der Tat war mein Leben, so dachte er, wunderliche Umwege hat es genommen. Als Knabe habe ich nur mit Göttern und Opfern zu tun gehabt. Als Jüngling habe ich nur mit Askese, mit Denken und Versenkung zu tun gehabt, war auf der Suche nach Brahman, verehrte das Ewige im Atman. Als junger Mann aber zog ich den Büßern nach, lebte im Walde, litt Hitze und Frost, lernte hungern, lehrte meinen Leib absterben. Wunderbar kam mir alsdann in der Lehre des großen Buddha Erkenntnis entgegen, ich fühlte Wissen um die Einheit der Welt in mir kreisen wie mein eigenes Blut. Aber auch von Buddha und von dem großen Wissen mußte ich wieder fort. Ich ging und lernte bei Kamala die Liebeslust, lernte bei Kamaswami den Handel, häufte Geld, vertat Geld, lernte meinen Magen lieben, lernte meinen Sinnen schmeicheln. Viele Jahre mußte ich damit hinbringen, den Geist zu verlieren, das Denken wieder zu verlernen, die Einheit zu vergessen. Ist es nicht so, als sei ich langsam und auf großen Umwegen aus einem Mann ein Kind geworden, aus einem Denker ein Kindermensch? Und doch ist dieser Weg sehr gut gewesen, und doch ist der Vogel in meiner Brust nicht gestorben. Aber welch ein Weg war das! Ich habe durch so viel Dummheit, durch so viel Laster, durch so viel Irrtum, durch so viel Ekel und Enttäuschung und Jammer hindurchgehen müssen, bloß um wieder ein Kind zu werden und neu anfangen zu können. Aber es war richtig so, mein Herz sagt ja dazu, meine Augen lachen dazu. Ich habe Verzweiflung erleben müssen, ich habe hinabsinken müssen bis zum törichtesten aller Gedanken, zum Gedanken des Selbstmordes, um Gnade erleben zu können, um wieder Om zu vernehmen, um wieder richtig schlafen und richtig erwachen zu können. Ich habe ein Tor werden müssen, um Atman wieder in mir zu finden. Ich habe sündigen müssen, um wieder leben zu können. Wohin noch mag mein Weg mich führen? Närrisch ist er, dieser Weg, er geht in Schleifen, er geht vielleicht im Kreise. Mag er gehen, wie er will, ich will ihn gehen.

Wunderbar fühlte er in seiner Brust die Freude wallen. Woher denn, fragte er sein Herz, woher hast du diese Fröhlichkeit? Kommt sie wohl aus diesem langen, guten Schlafe her, der mir so sehr wohlgetan hat? Oder von dem Worte Om, das ich aussprach? Oder davon, daß ich entronnen bin, daß meine Flucht vollzogen ist, daß ich endlich wieder frei bin und wie ein Kind unter dem Himmel stehe? O wie gut ist dies Geflohensein, dies Freigewordensein! Wie rein und schön ist hier die Luft, wie gut zu atmen! Dort, von wo ich entlief, dort roch alles nach Salbe, nach Gewürzen, nach Wein, nach Überfluß, nach Trägheit. Wie haßte ich diese Welt der Reichen, der Schlemmer, der Spieler! Wie habe ich mich selbst gehaßt, daß ich so lang in dieser schrecklichen Welt geblieben bin! Wie habe ich mich gehaßt, habe mich beraubt, vergiftet, gepeinigt, habe mich alt und böse gemacht! Nein, nie mehr werde ich, wie ich es einst so gerne tat, mir einbilden, daß Siddhartha weise sei!

Dies aber habe ich gut gemacht, dies gefällt mir, dies muß ich loben, daß es nun ein Ende hat mit jenem Haß gegen mich selber, mit jenem törichten und öden Leben! Ich lobe dich, Siddhartha, nach so viel Jahren der Torheit hast du wieder einmal einen Einfall gehabt, hast etwas getan, hast den Vogel in deiner Brust singen hören und bist ihm gefolgt!

So lobte er sich, hatte Freude an sich, hörte neugierig seinem Magen zu, der vor Hunger knurrte. Ein Stück Leid, ein Stück Elend hatte er nun, so fühlte er, in diesen letzten Zeiten und Tagen ganz und gar durchgekostet und ausgespien, bis zur Verzweiflung und bis zum Tode ausgefressen. So war es gut. Lange noch hätte er bei Kamaswami bleiben können, Geld erwerben, Geld vergeuden, seinen Bauch mästen und seine Seele verdursten lassen, lange noch hätte er in dieser sanften, wohlgepolsterten Hölle wohnen können, wäre dies nicht gekommen: der Augenblick der vollkommenen Trostlosigkeit und Verzweiflung, jener äußerste Augenblick, da er über dem strömenden Wasser hing und bereit war, sich zu vernichten. Daß er diese Verzweiflung, diesen tiefsten Ekel gefühlt hatte, und daß er ihm nicht erlegen war, daß der Vogel, die frohe Quelle und Stimme in ihm doch noch lebendig war, darüber fühlte er diese Freude, darüber lachte er, darüber strahlte sein Gesicht unter den ergrauten Haaren.

»Es ist gut«, dachte er, »alles selber zu kosten, was man zu wissen nötig hat. Daß Weltlust und Reichtum nicht vom Guten sind, habe ich schon als Kind gelernt. Gewußt habe ich es lange, erlebt habe ich es erst jetzt. Und nun weiß ich es, weiß es nicht nur mit dem Gedächtnis, sondern mit meinen Augen, mit meinem Herzen, mit meinem Magen. Wohl mir, daß ich es weiß!«

Lange sann er nach über seine Verwandlung, lauschte dem Vogel, wie er vor Freude sang. War nicht dieser Vogel in ihm gestorben, hatte er nicht seinen Tod gefühlt? Nein, etwas anderes in ihm war gestorben, etwas, das schon lange sich nach Sterben gesehnt hatte. War es nicht das, was er einst in seinen glühenden Büßerjahren hatte abtöten wollen? War es nicht sein Ich, sein kleines, banges und stolzes Ich, mit dem er so viele Jahre gekämpft hatte, das ihn immer wieder besiegt hatte, das nach jeder Abtötung wieder da war, Freude verbot, Furcht empfand? War es nicht dies, was heute endlich seinen Tod gefunden hatte, hier im Walde an diesem lieblichen Flusse? War es nicht dieses Todes wegen, daß er jetzt wie ein Kind war, so voll Vertrauen, so ohne Furcht, so voll Freude?

Nun auch ahnte Siddhartha, warum er als Brahmane, als Büßer vergeblich mit diesem Ich gekämpft hatte. Zu viel Wissen hatte ihn gehindert, zu viel heilige Verse, zu viel Opferregeln, zu viel Kasteiung, zu viel Tun und Streben! Voll Hochmut war er gewesen, immer der Klügste, immer der Eifrigste, immer allen um einen Schritt voran, immer der Wissende und Geistige, immer der Priester oder Weise. In dies Priestertum, in diesen Hochmut, in diese Geistigkeit hinein hatte sein Ich sich verkrochen, dort saß es fest und wuchs, während er es mit Fasten und Buße zu töten meinte. Nun sah er es, und sah, daß die heimliche Stimme recht gehabt hatte, daß kein Lehrer ihn je hätte erlösen können. Darum hatte er in die Welt gehen müssen, sich an Lust und Macht, an Weib und Geld verlieren müssen, hatte ein Händler, ein Würfelspieler, Trinker und Habgieriger werden müssen, bis der Priester und Samana in ihm tot war. Darum hatte er weiter diese häßlichen Jahre ertragen müssen, den Ekel ertragen, die Leere, die Sinnlosigkeit eines öden und verlorenen Lebens, bis zum Ende, bis zur bitteren Verzweiflung, bis auch der Lüstling Siddhartha, der Habgierige Siddhartha sterben konnte. Er war gestorben, ein neuer Siddhartha war aus dem Schlaf erwacht. Auch er würde alt werden, auch er würde einst sterben müssen, vergänglich war Siddhartha, vergänglich war jede Gestal-

tung. Heute aber war er jung, war ein Kind, der neue Siddhartha, und war voll Freude.
Diese Gedanken dachte er, lauschte lächelnd auf seinen Magen, hörte dankbar einer summenden Biene zu. Heiter blickte er in den strömenden Fluß, nie hatte ihm ein Wasser so wohl gefallen wie dieses, nie hatte er Stimme und Gleichnis des ziehenden Wassers so stark und schön vernommen. Ihm schien, es habe der Fluß ihm etwas Besonderes zu sagen, etwas, das er noch nicht wisse, das noch auf ihn warte. In diesem Fluß hatte sich Siddhartha ertränken wollen, in ihm war der alte, müde, verzweifelte Siddhartha heute ertrunken. Der neue Siddhartha aber fühlte eine tiefe Liebe zu diesem strömenden Wasser und beschloß bei sich, es nicht so bald wieder zu verlassen.

Der Fährmann

An diesem Fluß will ich bleiben, dachte Siddhartha, es ist derselbe, über den ich einstmals auf dem Wege zu den Kindermenschen gekommen bin, ein freundlicher Fährmann hat mich damals geführt, zu ihm will ich gehen, von seiner Hütte aus führte mich einst mein Weg in ein neues Leben, das nun alt geworden und tot ist – möge auch mein jetziger Weg, mein jetziges neues Leben dort seinen Ausgang nehmen!
Zärtlich blickte er in das strömende Wasser, in das durchsichtige Grün, in die kristallenen Linien seiner geheimnisreichen Zeichnung. Lichte Perlen sah er aus der Tiefe steigen, stille Luftblasen auf dem Spiegel schwimmen, Himmelsbläue darin abgebildet. Mit tausend Augen blickte der Fluß ihn an, mit grünen, mit weißen, mit kristallnen, mit himmelblauen. Wie liebte er dies Wasser, wie entzückte es

ihn, wie war er ihm dankbar! Im Herzen hörte er die Stimme sprechen, die neu erwachte, und sie sagte ihm: Liebe dies Wasser! Bleibe bei ihm! Lerne von ihm! O ja, er wollte von ihm lernen, er wollte ihm zuhören. Wer dies Wasser und seine Geheimnisse verstünde, so schien ihm, der würde auch viel anderes verstehen, viele Geheimnisse, alle Geheimnisse.

Von den Geheimnissen des Flusses aber sah er heute nur eines, das ergriff seine Seele. Er sah: dies Wasser lief und lief, immerzu lief es, und war doch immer da, war immer und allezeit dasselbe und doch jeden Augenblick neu! O wer dies faßte, dies verstünde! Er verstand und faßte es nicht, fühlte nur Ahnung sich regen, ferne Erinnerung, göttliche Stimmen.

Siddhartha erhob sich, unerträglich wurde das Treiben des Hungers in seinem Leibe. Hingenommen wanderte er weiter, den Uferpfad hinan, dem Strom entgegen, lauschte auf die Strömung, lauschte auf den knurrenden Hunger in seinem Leibe.

Als er die Fähre erreichte, lag eben das Boot bereit, und derselbe Fährmann, welcher einst den jungen Samana über den Fluß gesetzt hatte, stand im Boot, Siddhartha erkannte ihn wieder, auch er war stark gealtert.

»Willst du mich übersetzen?« fragte er.

Der Fährmann, erstaunt, einen so vornehmen Mann allein und zu Fuße wandern zu sehen, nahm ihn ins Boot und stieß ab.

»Ein schönes Leben hast du dir erwählt«, sprach der Gast. »Schön muß es sein, jeden Tag an diesem Wasser zu leben und auf ihm zu fahren.«

Lächelnd wiegte sich der Ruderer: »Es ist schön, Herr, es ist, wie du sagst. Aber ist nicht jedes Leben, ist nicht jede Arbeit schön?«

»Es mag wohl sein. Dich aber beneide ich um die deine.«

»Ach, du möchtest bald die Lust an ihr verlieren. Das ist nichts für Leute in feinen Kleidern.«

Siddhartha lachte. »Schon einmal bin ich heute um meiner Kleider willen betrachtet worden, mit Mißtrauen betrachtet. Willst du nicht, Fährmann, diese Kleider, die mir lästig sind, von mir annehmen? Denn du mußt wissen, ich habe kein Geld, dir einen Fährlohn zu zahlen.«

»Der Herr scherzt«, lachte der Fährmann.

»Ich scherze nicht, Freund. Sieh, schon einmal hast du mich in deinem Boot über dies Wasser gefahren, um Gotteslohn. So tue es auch heute, und nimm meine Kleider dafür an.«

»Und will der Herr ohne Kleider weiterreisen?«

»Ach, am liebsten wollte ich gar nicht weiterreisen. Am liebsten wäre es mir, Fährmann, wenn du mir eine alte Schürze gäbest und behieltest mich als deinen Gehilfen bei dir, vielmehr als deinen Lehrling, denn erst muß ich lernen, mit dem Boot umzugehen.«

Lange blickte der Fährmann den Fremden an, suchend.

»Jetzt erkenne ich dich«, sagte er endlich. »Einst hast du in meiner Hütte geschlafen, lange ist es her, wohl mehr als zwanzig Jahre mag das her sein, und bist von mir über den Fluß gebracht worden, und wir nahmen Abschied voneinander wie gute Freunde. Warst du nicht ein Samana? Deines Namens kann ich mich nicht mehr entsinnen.«

»Ich heiße Siddhartha, und ich war ein Samana, als du mich zuletzt gesehen hast.«

»So sei willkommen, Siddhartha. Ich heiße Vasudeva. Du wirst, so hoffe ich, auch heute mein Gast sein und in meiner Hütte schlafen, und mir erzählen, woher du kommst, und warum deine schönen Kleider dir so lästig sind.«

Sie waren in die Mitte des Flusses gelangt, und Vasudeva legte sich stärker ins Ruder, um gegen die Strömung anzukommen. Ruhig arbeitete er, den Blick auf der Bootsspitze, mit kräftigen Armen. Siddhartha saß und sah ihm zu, und erinnerte sich, wie schon einstmals, an jenem letzten Tage seiner Samana-Zeit, Liebe zu diesem Manne sich in seinem Herzen geregt hatte. Dankbar nahm er Vasudevas Einladung an. Als sie am Ufer anlegten, half er ihm das Boot an den Pflöcken festbinden, darauf bat ihn der Fährmann, in die Hütte zu treten, bot ihm Brot und Wasser, und Siddhartha aß mit Lust, und aß mit Lust auch von den Mangofrüchten, die ihm Vasudeva anbot.

Danach setzten sie sich, es ging gegen Sonnenuntergang, auf einen Baumstamm am Ufer, und Siddhartha erzählte dem Fährmann seine Herkunft und sein Leben, wie er es heute, in jener Stunde der Verzweiflung, vor seinen Augen gesehen hatte. Bis tief in die Nacht währte sein Erzählen. Vasudeva hörte mit großer Aufmerksamkeit zu. Alles nahm er lauschend in sich auf, Herkunft und Kindheit, all das Lernen, all das Suchen, alle Freude, alle Not. Dies war unter des Fährmanns Tugenden eine der größten: er verstand wie wenige das Zuhören. Ohne daß er ein Wort gesprochen hätte, empfand der Sprechende, wie Vasudeva seine Worte in sich einließ, still, offen, wartend, wie er keines verlor, keines mit Ungeduld erwartete, nicht Lob noch Tadel daneben stellte, nur zuhörte. Siddhartha empfand, welches Glück es ist, einem solchen Zuhörer sich zu bekennen, in sein Herz das eigene Leben zu versenken, das eigene Suchen, das eigene Leiden.

Gegen das Ende von Siddharthas Erzählung aber, als er von dem Baum am Flusse sprach und von seinem tiefen Fall, vom heiligen Om, und wie er nach seinem Schlummer eine solche Liebe zu dem Flusse gefühlt hatte, da lauschte der Fährmann mit verdoppelter Aufmerksamkeit, ganz und völlig hingegeben, mit geschloßnem Auge.

Als aber Siddhartha schwieg und eine lange Stille gewesen war, da sagte Vasudeva: »Es ist so, wie ich dachte. Der Fluß hat zu dir gesprochen. Auch dir ist er Freund, auch zu dir spricht er. Das ist gut, das ist sehr gut. Bleibe bei mir, Siddhartha, mein Freund. Ich hatte einst eine Frau, ihr Lager war neben dem meinen, doch ist sie schon lange gestorben, lange habe ich allein gelebt. Lebe nun du mit mir, es ist Raum und Essen für beide vorhanden.«

»Ich danke dir«, sagte Siddhartha, »ich danke dir und nehme an. Und auch dafür danke ich dir, Vasudeva, daß du mir so gut zugehört hast! Selten sind die Menschen, welche das Zuhören verstehen, und keinen traf ich, der es verstand wie du. Auch hierin werde ich von dir lernen.«

»Du wirst es lernen«, sprach Vasudeva, »aber nicht von vgl. 84.14 mir. Das Zuhören hat mich der Fluß gelehrt*, von ihm wirst auch du es lernen. Er weiß alles, der Fluß, alles kann man von ihm lernen. Sieh, auch das hast du schon vom Wasser gelernt, daß es gut ist, nach unten zu streben, zu sinken, die Tiefe zu suchen. Der reiche und vornehme Siddhartha wird ein Ruderknecht, der gelehrte Brahmane Siddhartha wird ein Fährmann: auch dies ist dir vom Fluß gesagt worden. Du wirst auch das andere von ihm lernen.«

Sprach Siddhartha, nach einer langen Pause: »Welches andere, Vasudeva?«

Vasudeva erhob sich. »Spät ist es geworden«, sagte er, »laß uns schlafen gehen. Ich kann dir das ›andere‹ nicht sagen, o Freund. Du wirst es lernen, vielleicht auch weißt du es schon. Sieh, ich bin kein Gelehrter, ich verstehe nicht zu sprechen, ich verstehe auch nicht zu denken. Ich verstehe nur zuzuhören und fromm zu sein, sonst habe ich nichts gelernt. Könnte ich es sagen und lehren, so wäre ich vielleicht ein Weiser, so aber bin ich nur ein Fährmann, und meine Aufgabe ist es, Menschen über diesen Fluß zu setzen. Viele habe ich übergesetzt, Tausende, und ihnen allen ist mein Fluß nichts anderes gewesen als ein Hindernis auf ihren Reisen. Sie reisten nach Geld und Geschäften, und zu Hochzeiten, und zu Wallfahrten, und der Fluß war ihnen im Wege, und der Fährmann war dazu da, sie schnell über das Hindernis hinwegzubringen. Einige unter den Tausenden aber, einige wenige, vier oder fünf, denen hat der Fluß aufgehört, ein Hindernis zu sein, sie haben seine Stimme gehört, sie haben ihm zugehört, und der Fluß ist ihnen heilig geworden, wie er es mir geworden ist. Laß uns nun zur Ruhe gehen, Siddhartha.«

Siddhartha blieb bei dem Fährmann und lernte das Boot bedienen, und wenn nichts an der Fähre zu tun war, arbeitete er mit Vasudeva im Reisfelde, sammelte Holz, pflückte die Früchte der Pisangbäume*. (Bananen) Er lernte ein Ruder zimmern, und lernte das Boot ausbessern, und Körbe flechten, und war fröhlich über alles, was er lernte, und die Tage und Monate liefen schnell hinweg. Mehr aber, als Vasudeva ihn lehren konnte, lehrte ihn der Fluß. Von ihm lernte er unaufhörlich. Vor allem lernte er von ihm das Zuhören, das Lauschen mit stillem Herzen, mit wartender, geöffneter Seele, ohne Leidenschaft, ohne Wunsch, ohne Urteil, ohne Meinung.

Freundlich lebte er neben Vasudeva, und zuweilen tauschten sie Worte miteinander, wenige und lang bedachte Worte. Vasudeva war ⌜kein Freund der Worte⌝, selten gelang es Siddhartha, ihn zum Sprechen zu bewegen.

»Hast du«, so fragte er ihn einst, »hast auch du vom Flusse jenes Geheime gelernt: daß es keine Zeit gibt?«

Vasudevas Gesicht überzog sich mit hellem Lächeln.

»Ja, Siddhartha«, sprach er. »Es ist doch dieses, was du meinst: daß der Fluß überall zugleich ist, am Ursprung und an der Mündung, am Wasserfall, an der Fähre, an der Stromschnelle, im Meer, im Gebirge, überall, zugleich, und daß es für ihn nur Gegenwart gibt, nicht den Schatten Vergangenheit, nicht den Schatten Zukunft?«

»Dies ist es«, sagte Siddhartha. »Und als ich es gelernt hatte, da sah ich mein Leben an, und es war auch ein Fluß, und es war der Knabe Siddhartha vom Manne Siddhartha und vom Greis Siddhartha nur durch Schatten getrennt, nicht durch Wirkliches. Es waren auch Siddharthas frühere Geburten keine Vergangenheit, und sein Tod und seine Rückkehr zu Brahma keine Zukunft. Nichts war, nichts wird sein; alles ist, alles hat Wesen und Gegenwart.«

Siddhartha sprach mit Entzücken, tief hatte diese Erleuchtung ihn beglückt. Oh, war denn nicht alles Leiden Zeit, war nicht alles Sichquälen und Sichfürchten Zeit, war nicht alles Schwere, alles Feindliche in der Welt weg und überwunden, sobald man die Zeit überwunden hatte, sobald man die Zeit wegdenken konnte? Entzückt hatte er gesprochen. Vasudeva aber lächelte ihn strahlend an und nickte Bestätigung, schweigend nickte er, strich mit der Hand über Siddharthas Schulter, wandte sich zu seiner Arbeit zurück.

Und wieder einmal, als eben der Fluß in der Regenzeit geschwollen war und mächtig rauschte, da sagte Siddhartha: »Nicht wahr, o Freund, der Fluß hat viele Stimmen, sehr viele Stimmen? Hat er nicht die Stimme eines Königs, und eines Kriegers, und eines Stieres, und eines Nachtvogels, und einer Gebärenden, und eines Seufzenden, und noch tausend andere Stimmen?«

»Es ist so«, nickte Vasudeva, »alle Stimmen der Geschöpfe sind in seiner Stimme.«

»Und weißt du«, fuhr Siddhartha fort, »welches Wort er spricht, wenn es dir gelingt, alle seine zehntausend Stimmen zugleich zu hören?«

Glücklich lachte Vasudevas Gesicht, er neigte sich gegen Siddhartha und sprach ihm das heilige Om ins Ohr. Und eben dies war es, was auch Siddhartha gehört hatte.

Und von Mal zu Mal ward sein Lächeln dem des Fährmanns ähnlicher, ward beinahe ebenso strahlend, beinahe ebenso von Glück durchglänzt, ebenso aus tausend kleinen Falten leuchtend, ebenso kindlich, ebenso greisenhaft. Viele Reisende, wenn sie die beiden Fährmänner sahen, hielten sie für Brüder. Oft saßen sie am Abend gemeinsam beim Ufer auf dem Baumstamm, schwiegen und hörten beide dem Wasser zu, welches für sie kein Wasser war, sondern die Stimme des Lebens, die Stimme des Seienden, des ewig Werdenden. Und es geschah zuweilen, daß beide beim Anhören des Flusses an dieselben Dinge dachten, an ein Gespräch von vorgestern, an einen ihrer Reisenden, dessen Gesicht und Schicksal sie beschäftigte, an den Tod, an ihre Kindheit, und daß sie beide im selben Augenblick, wenn der Fluß ihnen etwas Gutes gesagt hatte, einander anblickten, beide genau dasselbe denkend, beide beglückt über dieselbe Antwort auf dieselbe Frage.

Es ging von der Fähre und von den beiden Fährleuten etwas aus, das manche von den Reisenden spürten. Es geschah zuweilen, daß ein Reisender, nachdem er in das Gesicht eines der Fährmänner geblickt hatte, ⌜sein Leben zu erzählen begann⌝, Leid erzählte, Böses bekannte, Trost und Rat erbat. Es geschah zuweilen, daß einer um Erlaubnis bat, einen Abend bei ihnen zu verweilen, um dem Flusse zuzuhören. Es geschah auch, daß Neugierige kamen, welchen erzählt worden war, an dieser Fähre lebten zwei Weise oder Zauberer oder Heilige. Die Neugierigen stellten viele Fragen, aber sie bekamen keine Antworten, und sie fanden weder Zauberer noch Weise, sie fanden nur zwei alte freundliche Männlein, welche stumm zu sein und etwas sonderbar und verblödet schienen. Und die Neugierigen lachten und unterhielten sich darüber, wie töricht und leichtgläubig doch das Volk solche leere Gerüchte verbreite.

Die Jahre gingen hin, und keiner zählte sie. Da kamen einst Mönche gepilgert, Anhänger des Gotama, des Buddha, welche baten, sie über den Fluß zu setzen, und von ihnen erfuhren die Fährmänner, daß sie eiligst zu ihrem großen Lehrer zurückwanderten, denn es habe sich die Nachricht verbreitet, der Erhabene sei todkrank und werde bald seinen letzten Menschentod sterben, um zur Erlösung einzugehen. Nicht lange, so kam eine neue Schar Mönche gepilgert, und wieder eine, und sowohl die Mönche wie die meisten der übrigen Reisenden und Wanderer sprachen von nichts anderem als von Gotama und seinem nahen

Tode. Und wie zu einem Kriegszug oder zur Krönung eines Königs von überall und allen Seiten her die Menschen strömen und sich gleich Ameisen in Scharen sammeln, so strömten sie, wie von einem Zauber gezogen, dahin, wo der große Buddha seinen Tod erwartete, wo das Ungeheure geschehen und der große Vollendete eines Weltalters zur Herrlichkeit eingehen sollte.

Viel gedachte Siddhartha in dieser Zeit des sterbenden Weisen, des großen Lehrers, dessen Stimme Völker ermahnt und Hunderttausende erweckt hatte, dessen Stimme auch er einst vernommen, dessen heiliges Antlitz auch er einst mit Ehrfurcht geschaut hatte. Freundlich gedachte er seiner, sah seinen Weg der Vollendung vor Augen und erinnerte sich mit Lächeln der Worte, welche er einst als junger Mann an ihn, den Erhabenen, gerichtet hatte. Es waren, so schien ihm, stolze und altkluge Worte gewesen, lächelnd erinnerte er sich ihrer. Längst wußte er sich nicht mehr von Gotama getrennt, dessen Lehre er doch nicht hatte annehmen können. Nein, keine Lehre konnte ein wahrhaft Suchender annehmen, einer, der wahrhaft finden wollte. Der aber, der gefunden hat, der konnte jede, jede Lehre gutheißen, jeden Weg, jedes Ziel, ihn trennte nichts mehr von all den tausend anderen, welche im Ewigen lebten, welche das Göttliche atmeten.

An einem dieser Tage, da so viele zum sterbenden Buddha pilgerten, pilgerte zu ihm auch Kamala, einst die schönste der Kurtisanen. Längst hatte sie sich aus ihrem vorigen Leben zurückgezogen, hatte ihren Garten den Mönchen Gotamas geschenkt, hatte ihre Zuflucht zur Lehre genommen, gehörte zu den Freundinnen und Wohltäterinnen der Pilgernden. Zusammen mit dem Knaben Siddhartha, ihrem Sohne, hatte sie auf die Nachricht vom nahen Tode Gotamas hin sich auf den Weg gemacht, in einfachem Kleide, zu Fuß. Mit ihrem Söhnlein war sie am Flusse unterwegs; der Knabe aber war bald ermüdet, begehrte nach

Hause zurück, begehrte zu rasten, begehrte zu essen, wurde trotzig und weinerlich. Kamala mußte häufig mit ihm rasten, er war gewohnt, seinen Willen gegen sie zu behaupten, sie mußte ihn füttern, mußte ihn trösten, mußte ihn schelten. Er begriff nicht, warum er mit seiner Mutter diese mühsame und traurige Pilgerschaft habe antreten müssen, an einen unbekannten Ort, zu einem fremden Manne, welcher heilig war und welcher im Sterben lag. Mochte er sterben, was ging dies den Knaben an?

Die Pilgernden waren nicht mehr ferne von Vasudevas Fähre, als der kleine Siddhartha abermals seine Mutter zu einer Rast nötigte. Auch sie selbst, Kamala, war ermüdet, und während der Knabe an einer Banane kaute, kauerte sie sich am Boden nieder, schloß ein wenig die Augen und ruhte. Plötzlich aber stieß sie einen klagenden Schrei aus, der Knabe sah sie erschrocken an und sah ihr Gesicht von Entsetzen gebleicht, und unter ihrem Kleide hervor entwich eine kleine schwarze Schlange, von welcher Kamala gebissen war.

Eilig liefen sie nun beide des Weges, um zu Menschen zu kommen, und kamen bis in die Nähe der Fähre, dort sank Kamala zusammen und vermochte nicht weiterzugehen. Der Knabe aber erhob ein klägliches Geschrei, dazwischen küßte und umhalste er seine Mutter, und auch sie stimmte in seine lauten Hilferufe ein, bis die Töne Vasudevas Ohr erreichten, der bei der Fähre stand. Schnell kam er gegangen, nahm die Frau auf die Arme, trug sie ins Boot, der Knabe lief mit, und bald kamen sie alle in der Hütte an, wo Siddhartha am Herde stand und eben Feuer machte. Er blickte auf und sah zuerst das Gesicht des Knaben, das ihn wunderlich erinnerte, an Vergessenes mahnte. Dann sah er Kamala, die er alsbald erkannte, obwohl sie besinnungslos im Arm des Fährmanns lag, und nun wußte er, daß es sein eigener Sohn sei, dessen Gesicht ihn so sehr gemahnt hatte, und das Herz bewegte sich in seiner Brust.

Kamalas Wunde wurde gewaschen, war aber schon schwarz und ihr Leib angeschwollen, ein Heiltrank wurde ihr eingeflößt. Ihr Bewußtsein kehrte zurück, sie lag auf Siddharthas Lager in der Hütte, und über sie gebeugt stand Siddhartha, der sie einst so sehr geliebt hatte. Es schien ihr ein Traum zu sein, lächelnd blickte sie in ihres Freundes Gesicht, nur langsam erkannte sie ihre Lage, erinnerte sich des Bisses, rief ängstlich nach dem Knaben.

»Er ist bei dir, sei ohne Sorge«, sagte Siddhartha.

Kamala blickte in seine Augen. Sie sprach mit schwerer Zunge, vom Gift gelähmt. »Du bist alt geworden, Lieber«, sagte sie, »grau bist du geworden. Aber du gleichst dem jungen Samana, der einst ohne Kleider mit staubigen Füßen zu mir in den Garten kam. Du gleichst ihm viel mehr, als du ihm damals glichest, da du mich und Kamaswami verlassen hast. In den Augen gleichst du ihm, Siddhartha. Ach, auch ich bin alt geworden, alt – kanntest du mich denn noch?«

Siddhartha lächelte: »Sogleich kannte ich dich, Kamala, Liebe.«

Kamala deutete auf ihren Knaben und sagte: »Kanntest du auch ihn? Er ist dein Sohn.«

Ihre Augen wurden irr und fielen zu. Der Knabe weinte, Siddhartha nahm ihn auf seine Knie, ließ ihn weinen, streichelte sein Haar, und beim Anblick des Kindergesichtes fiel ein brahmanisches Gebet ihm ein, das er einst gelernt hatte, als er selbst ein kleiner Knabe war. Langsam, mit singender Stimme, begann er es zu sprechen, aus der Vergangenheit und Kindheit her kamen ihm die Worte geflossen. Und unter seinem Singsang wurde der Knabe ruhig, schluchzte noch hin und wieder auf und schlief ein. Siddhartha legte ihn auf Vasudevas Lager. Vasudeva stand am Herd und kochte Reis. Siddhartha warf ihm einen Blick zu, den er lächelnd erwiderte.

»Sie wird sterben«, sagte Siddhartha leise.

Vasudeva nickte, über sein freundliches Gesicht lief der Feuerschein vom Herde.

Nochmals erwachte Kamala zum Bewußtsein. Schmerz verzog ihr Gesicht, Siddharthas Auge las das Leiden auf ihrem Munde, auf ihren erblaßten Wangen. Stille las er es, aufmerksam, wartend, in ihr Leiden versenkt. Kamala fühlte es, ihr Blick suchte sein Auge.

Ihn anblickend, sagte sie: »Nun sehe ich, daß auch deine Augen sich verändert haben. Ganz anders sind sie geworden. Woran doch erkenne ich noch, daß du Siddhartha bist? Du bist es, und bist es nicht.«

Siddhartha sprach nicht, still blickten seine Augen in die ihren.

»Du hast es erreicht?« fragte sie. »Du hast Friede gefunden?«

Er lächelte und legte seine Hand auf ihre.

»Ich sehe es«, sagte sie, »ich sehe es. Auch ich werde Friede finden.«

»Du hast ihn gefunden«, sprach Siddhartha flüsternd.

Kamala blickte ihm unverwandt in die Augen. Sie dachte daran, daß sie zu Gotama hatte pilgern wollen, um das Gesicht eines Vollendeten zu sehen, um seinen Frieden zu atmen, und daß sie statt seiner nun ihn gefunden, und daß es gut war, ebensogut, als wenn sie jenen gesehen hätte. Sie wollte es ihm sagen, aber die Zunge gehorchte ihrem Willen nicht mehr. Schweigend sah sie ihn an, und er sah in ihren Augen das Leben erlöschen. Als der letzte Schmerz ihr Auge erfüllte und brach, als der letzte Schauder über ihre Glieder lief, schloß sein Finger ihre Lider.

Lange saß er und blickte auf ihr entschlafenes Gesicht. Lange betrachtete er ihren Mund, ihren alten, müden Mund mit den schmal gewordenen Lippen, und erinnerte sich, daß er einst, im Frühling seiner Jahre, diesen Mund einer frisch aufgebrochenen Feige verglichen hatte. Lange saß er, las in dem bleichen Gesicht, in den müden Falten, füllte sich mit dem Anblick, sah sein eigenes Gesicht ebenso liegen, ebenso weiß, ebenso erloschen, und sah zugleich sein Gesicht und das ihre jung, mit den roten Lippen, mit dem brennenden Auge, und das Gefühl der Gegenwart und Gleichzeitigkeit durchdrang ihn völlig, das Gefühl der Ewigkeit. Tief empfand er, tiefer als jemals, in dieser Stunde die Unzerstörbarkeit jedes Lebens, die Ewigkeit jedes Augenblicks.

Da er sich erhob, hatte Vasudeva Reis für ihn bereitet. Doch aß Siddhartha nicht. Im Stall, wo ihre Ziege stand, machten sich die beiden Alten eine Streu zurecht, und Vasudeva legte sich schlafen. Siddhartha aber ging hinaus und saß die Nacht vor der Hütte, dem Flusse lauschend, von Vergangenheit umspült, von allen Zeiten seines Lebens zugleich berührt und umfangen. Zuweilen aber erhob er sich, trat an die Hüttentür und lauschte, ob der Knabe schlafe.

Früh am Morgen, noch ehe die Sonne sichtbar ward, kam Vasudeva aus dem Stalle und trat zu seinem Freunde.

»Du hast nicht geschlafen«, sagte er.

»Nein, Vasudeva. Ich saß hier, ich hörte dem Flusse zu. Viel hat er mir gesagt, tief hat er mich mit dem heilsamen Gedanken erfüllt, mit dem Gedanken der Einheit.«

»Du hast Leid erfahren, Siddhartha, doch ich sehe, es ist keine Traurigkeit in dein Herz gekommen.«

»Nein, Lieber, wie sollte ich denn traurig sein? Ich, der ich reich und glücklich war, bin jetzt noch reicher und glücklicher geworden. Mein Sohn ist mir geschenkt worden.«

»Willkommen sei dein Sohn auch mir. Nun aber, Siddhartha, laß uns an die Arbeit gehen, viel ist zu tun. Auf demselben Lager ist Kamala gestorben, auf welchem einst mein Weib gestorben ist. Auf demselben Hügel auch wollen wir Kamalas Scheiterhaufen bauen, auf welchem ich einst meines Weibes Scheiterhaufen gebaut habe.«

Während der Knabe noch schlief, bauten sie den Scheiterhaufen.

Der Sohn

Scheu und weinend hatte der Knabe der Bestattung seiner Mutter beigewohnt, finster und scheu hatte er Siddhartha angehört, der ihn als seinen Sohn begrüßte und ihn bei sich in Vasudevas Hütte willkommen hieß. Bleich saß er tagelang am Hügel der Toten, mochte nicht essen, verschloß seinen Blick, verschloß sein Herz, wehrte und sträubte sich gegen das Schicksal.

Siddhartha schonte ihn und ließ ihn gewähren, er ehrte seine Trauer. Siddhartha verstand, daß sein Sohn ihn nicht kenne, daß er ihn nicht lieben könne wie einen Vater. Langsam sah und verstand er auch, daß der Elfjährige ein verwöhnter Knabe war, ein Mutterkind, und in Gewohnheiten des Reichtums aufgewachsen, gewöhnt an feinere Speisen, an ein weiches Bett, gewohnt, Dienern zu befehlen. Siddhartha verstand, daß der Trauernde und Verwöhnte nicht plötzlich und gutwillig in der Fremde und Armut sich zufrieden geben könne. Er zwang ihn nicht, er tat manche Arbeit für ihn, suchte stets den besten Bissen für ihn aus. Langsam hoffte er, ihn zu gewinnen, durch freundliche Geduld.

Reich und glücklich hatte er sich genannt, als der Knabe zu ihm gekommen war. Da indessen die Zeit hinfloß, und der Knabe fremd und finster blieb, da er ein stolzes und trotziges Herz zeigte, keine Arbeit tun wollte, den Alten keine Ehrfurcht erwies, Vasudevas Fruchtbäume beraubte, da begann Siddhartha zu verstehen, daß mit seinem Sohne nicht Glück und Friede zu ihm gekommen war, sondern Leid und Sorge. Aber er liebte ihn, und lieber war ihm Leid und Sorge der Liebe, als ihm Glück und Freude ohne den Knaben gewesen war.

Seit der junge Siddhartha in der Hütte war, hatten die Alten sich die Arbeit geteilt. Vasudeva hatte das Amt des Fähr-

manns wieder allein übernommen, und Siddhartha, um bei seinem Sohne zu sein, die Arbeit in Hütte und Feld.
Lange Zeit, lange Monate wartete Siddhartha darauf, daß sein Sohn ihn verstehe, daß er seine Liebe annehme, daß er sie vielleicht erwidere. Lange Monate wartete Vasudeva, zusehend, wartete und schwieg. Eines Tages, als Siddhartha der Junge seinen Vater wieder sehr mit Trotz und Launen gequält und ihm beide Reisschüsseln zerbrochen hatte, nahm Vasudeva seinen Freund am Abend beiseite und sprach mit ihm.
»Entschuldige mich«, sagte er, »aus freundlichem Herzen rede ich zu dir. Ich sehe, daß du dich quälst, ich sehe, daß du Kummer hast. Dein Sohn, Lieber, macht dir Sorge, und auch mir macht er Sorge. An ein anderes Leben, an ein anderes Nest ist der junge Vogel gewöhnt. Nicht wie du ist er dem Reichtum und der Stadt entlaufen aus Ekel und Überdruß, er hat wider seinen Willen dies alles dahinten lassen müssen. Ich fragte den Fluß, o Freund, viele Male habe ich ihn gefragt. Der Fluß aber lacht, er lacht mich aus, mich und dich lacht er aus, und schüttelt sich über unsre Torheit. Wasser will zu Wasser, Jugend will zu Jugend, dein Sohn ist nicht an dem Orte, wo er gedeihen kann. Frage auch du den Fluß, höre auch du auf ihn!«
Bekümmert blickte Siddhartha ihm in das freundliche Gesicht, in dessen vielen Runzeln beständige Heiterkeit wohnte.
»Kann ich mich denn von ihm trennen?« fragte er leise, beschämt. »Laß mir noch Zeit, Lieber! Sieh, ich kämpfe um ihn, ich werbe um sein Herz, mit Liebe und mit freundlicher Geduld will ich es fangen. Auch zu ihm soll einst der Fluß reden, auch er ist berufen.«
Vasudevas Lächeln blühte wärmer. »O ja, auch er ist berufen, auch er ist vom ewigen Leben. Aber wissen wir denn, du und ich, wozu er berufen ist, zu welchem Wege, zu welchen Taten, zu welchen Leiden? Nicht klein wird sein Lei-

den sein, stolz und hart ist ja sein Herz, viel müssen solche leiden, viel irren, viel Unrecht tun, sich viel Sünde aufladen. Sage mir, mein Lieber: du erziehst deinen Sohn nicht? Du zwingst ihn nicht? Schlägst ihn nicht? Strafst ihn nicht?«

»Nein, Vasudeva, das tue ich alles nicht.«

»Ich wußte es. Du zwingst ihn nicht, schlägst ihn nicht, befiehlst ihm nicht, weil du weißt, ⌜daß Weich stärker ist als Hart⌝, Wasser stärker als Fels, Liebe stärker als Gewalt. Sehr gut, ich lobe dich. Aber ist es nicht ein Irrtum von dir, zu meinen, daß du ihn nicht zwingest, nicht strafest? Bindest du ihn nicht in Bande mit deiner Liebe? Beschämst du ihn nicht täglich, und machst es ihm noch schwerer, mit deiner Güte und Geduld? Zwingst du ihn nicht, den hochmütigen und verwöhnten Knaben, in einer Hütte bei zwei alten Bananenessern zu leben, welchen schon Reis ein Leckerbissen ist, deren Gedanken nicht seine sein können, deren Herz alt und still ist und anderen Gang hat als das seine? Ist er mit alledem nicht gezwungen, nicht gestraft?«

Betroffen blickte Siddhartha zur Erde. Leise fragte er: »Was meinst du, soll ich tun?«

Sprach Vasudeva: »Bring ihn zur Stadt, bringe ihn in seiner Mutter Haus, es werden noch Diener dort sein, denen gib ihn. Und wenn keine mehr da sind, so bringe ihn einem Lehrer, nicht der Lehre wegen, aber daß er zu anderen Knaben komme, und zu Mädchen, und in die Welt, welche die seine ist. Hast du daran nie gedacht?«

»Du siehst in mein Herz«, sprach Siddhartha traurig. »Oft habe ich daran gedacht. Aber sieh, wie soll ich ihn, der ohnehin kein sanftes Herz hat, in diese Welt geben? Wird er nicht üppig werden, wird er nicht sich an Lust und Macht verlieren, wird er nicht alle Irrtümer seines Vaters wiederholen, wird er nicht vielleicht ganz und gar in Sansara verlorengehen?«

Hell strahlte des Fährmanns Lächeln auf; er berührte zart Siddharthas Arm und sagte: ⌜»Frage den Fluß darüber,

Freund! Höre ihn darüber lachen! Glaubst du denn wirklich, daß du deine Torheiten begangen habest, um sie dem Sohn zu ersparen? Und kannst du denn deinen Sohn vor Sansara schützen? Wie denn? Durch Lehre, durch Gebet, durch Ermahnung? Lieber, hast du jene Geschichte denn ganz vergessen, jene lehrreiche Geschichte vom Brahmanensohn Siddhartha, die du mir einst hier an dieser Stelle erzählt hast? Wer hat den Samana Siddhartha vor Sansara bewahrt, vor Sünde, vor Habsucht, vor Torheit? Hat seines Vaters Frömmigkeit, seiner Lehrer Ermahnung, hat sein eigenes Wissen, sein eigenes Suchen ihn bewahren können? Welcher Vater, welcher Lehrer hat ihn davor schützen können, selbst das Leben zu leben, selbst sich mit dem Leben zu beschmutzen, selbst Schuld auf sich zu laden, selbst den bitteren Trank zu trinken, selber seinen Weg zu finden? Glaubst du denn, Lieber, dieser Weg bleibe irgend jemandem vielleicht erspart? Vielleicht deinem Söhnchen, weil du es liebst, weil du ihm gern Leid und Schmerz und Enttäuschung ersparen möchtest? Aber auch wenn du zehnmal für ihn stürbest, würdest du ihm nicht den kleinsten Teil seines Schicksals damit abnehmen können.«

Noch niemals hatte Vasudeva so viele Worte gesprochen. Freundlich dankte ihm Siddhartha, ging bekümmert in die Hütte, fand lange keinen Schlaf. Vasudeva hatte ihm nichts gesagt, das er nicht selbst schon gedacht und gewußt hätte. Aber es war ein Wissen, das er nicht tun konnte, stärker als das Wissen war seine Liebe zu dem Knaben, stärker seine Zärtlichkeit, seine Angst, ihn zu verlieren. Hatte er denn jemals an irgend etwas so sehr sein Herz verloren, hatte er je irgendeinen Menschen so geliebt, so blind, so leidend, so erfolglos und doch so glücklich?

Siddhartha konnte seines Freundes Rat nicht befolgen, er konnte den Sohn nicht hergeben. Er ließ sich von dem Knaben befehlen, er ließ sich von ihm mißachten. Er schwieg und wartete, begann täglich den stummen Kampf der

Freundlichkeit, den lautlosen Krieg der Geduld. Auch Vasudeva schwieg und wartete, freundlich, wissend, langmütig. In der Geduld waren sie beide Meister.

Einst, als des Knaben Gesicht ihn sehr an Kamala erinnerte, mußte Siddhartha plötzlich eines Wortes gedenken, das Kamala vor Zeiten, in den Tagen der Jugend, einmal zu ihm gesagt hatte. »Du kannst nicht lieben«, hatte sie ihm gesagt, und er hatte ihr recht gegeben und hatte sich mit einem Stern, die Kindermenschen aber mit fallendem Laub verglichen, und dennoch hatte er in jenem Wort auch einen Vorwurf gespürt. In der Tat hatte er niemals sich an einen anderen Menschen ganz verlieren und hingeben können, sich selbst vergessen, Torheiten der Liebe eines anderen wegen begehen; nie hatte er das gekonnt, und dies war, wie ihm damals schien, der große Unterschied gewesen, der ihn von den Kindermenschen trennte. Nun aber, seit sein Sohn da war, nun war auch er, Siddhartha, vollends ein Kindermensch geworden, eines Menschen wegen leidend, einen Menschen liebend, an eine Liebe verloren, einer Liebe wegen ein Tor geworden. Nun fühlte auch er, spät, einmal im Leben diese stärkste und seltsamste Leidenschaft, litt an ihr, litt kläglich, und war doch beseligt, war doch um etwas erneuert, um etwas reicher.

Wohl spürte er, daß diese Liebe, diese blinde Liebe zu seinem Sohn eine Leidenschaft, etwas sehr Menschliches, daß sie Sansara sei, eine trübe Quelle, ein dunkles Wasser. Dennoch, so fühlte er gleichzeitig, war sie nicht wertlos, war sie notwendig, kam aus seinem eigenen Wesen. Auch diese Lust wollte gebüßt, auch diese Schmerzen wollten gekostet sein, auch diese Torheiten begangen.

Der Sohn indessen ließ ihn seine Torheiten begehen, ließ ihn werben, ließ ihn täglich sich vor seinen Launen demütigen. Dieser Vater hatte nichts, was ihn entzückt, und nichts, was er gefürchtet hätte. Er war ein guter Mann, dieser Vater, ein guter, gütiger, sanfter Mann, vielleicht ein sehr frommer Mann, vielleicht ein Heiliger – dies alles waren nicht Eigenschaften, welche den Knaben gewinnen konnten. Langweilig war ihm dieser Vater, der ihn da in seiner elenden Hütte gefangenhielt, langweilig war er ihm, und daß er jede Unart mit Lächeln, jeden Schimpf mit Freundlichkeit, jede Bosheit mit Güte beantwortete, das eben war die verhaßteste List dieses alten Schleichers. Viel lieber wäre der Knabe von ihm bedroht, von ihm mißhandelt worden.

Es kam ein Tag, an welchem des jungen Siddhartha Sinn zum Ausbruch kam und sich offen gegen seinen Vater wandte. Der hatte ihm einen Auftrag erteilt, er hatte ihn Reisig* sammeln geheißen. Der Knabe ging aber nicht aus der Hütte, er blieb trotzig und wütend stehen, stampfte den Boden, ballte die Fäuste, und schrie in gewaltigem Ausbruch seinem Vater Haß und Verachtung ins Gesicht.

dünnes Zweigholz

»Hole du selber dein Reisig!« rief er schäumend, »ich bin nicht dein Knecht. Ich weiß ja, daß du mich nicht schlägst, du wagst es ja nicht; ich weiß ja, daß du mich mit deiner Frömmigkeit und deiner Nachsicht beständig strafen und kleinmachen willst. Du willst, daß ich werden soll wie du, auch so fromm, auch so sanft, auch so weise! Ich aber, höre, ich will, dir zu Leide, lieber ein Straßenräuber und Mörder werden und zur Hölle fahren, als so werden wie du! Ich hasse dich, du bist nicht mein Vater, und wenn du zehnmal meiner Mutter Buhle* gewesen bist!«

Geliebter

Zorn und Gram liefen in ihm über, schäumten in hundert wüsten und bösen Worten dem Vater entgegen. Dann lief der Knabe davon und kam erst spät am Abend wieder.

Am andern Morgen aber war er verschwunden. Verschwunden war auch ein kleiner, aus zweifarbigem Bast geflochtener Korb, in welchem die Fährleute jene Kupfer- und Silbermünzen aufbewahrten, welche sie als Fährlohn erhielten. Verschwunden war auch das Boot, Siddhartha sah es am jenseitigen Ufer liegen. Der Knabe war entlaufen.

»Ich muß ihm folgen«, sagte Siddhartha, der seit jenen gestrigen Schimpfreden des Knaben vor Jammer zitterte. »Ein Kind kann nicht allein durch den Wald gehen. Er wird umkommen. Wir müssen ein Floß bauen, Vasudeva, um übers Wasser zu kommen.«

»Wir werden ein Floß bauen«, sagte Vasudeva, »um unser Boot wieder zu holen, das der Junge entführt hat. Ihn aber solltest du laufen lassen, Freund, er ist kein Kind mehr, er weiß sich zu helfen. Er sucht den Weg nach der Stadt, und er hat recht, vergiß das nicht. Er tut das, was du selbst zu tun versäumt hast. Er sorgt für sich, er geht seine Bahn. Ach, Siddhartha, ich sehe dich leiden, aber du leidest Schmerzen, über die man lachen möchte, über die du selbst bald lachen wirst.«

Siddhartha antwortete nicht. Er hielt schon das Beil in Händen und begann ein Floß aus Bambus zu machen, und Vasudeva half ihm, die Stämme mit Grasseilen zusammenzubinden. Dann fuhren sie hinüber, wurden weit abgetrieben, zogen das Floß am jenseitigen Ufer flußauf.

»Warum hast du das Beil mitgenommen?« fragte Siddhartha.

Vasudeva sagte: »Es könnte sein, daß das Ruder unsres Bootes verlorengegangen wäre.«

Siddhartha aber wußte, was sein Freund dachte. Er dachte, der Knabe werde das Ruder weggeworfen oder zerbrochen haben, um sich zu rächen und um sie an der Verfolgung zu hindern. Und wirklich war kein Ruder mehr im Boote. Vasudeva wies auf den Boden des Bootes und sah den Freund mit Lächeln an, als wollte er sagen: »Siehst du nicht, was dein Sohn dir sagen will? Siehst du nicht, daß er nicht verfolgt sein will?« Doch sagte er dies nicht mit Worten. Er machte sich daran, ein neues Ruder zu zimmern. Siddhartha aber nahm Abschied, um nach dem Entflohenen zu suchen. Vasudeva hinderte ihn nicht.

Als Siddhartha schon lange im Walde unterwegs war, kam

ihm der Gedanke, daß sein Suchen nutzlos sei. Entweder, so dachte er, war der Knabe längst voraus und schon in der Stadt angelangt, oder, wenn er noch unterwegs sein sollte, würde er vor ihm, dem Verfolgenden, sich verborgen halten. Da er weiter dachte, fand er auch, daß er selbst nicht in Sorge um seinen Sohn war, daß er im Innersten wußte, er sei weder umgekommen, noch drohe ihm im Walde Gefahr. Dennoch lief er ohne Rast, nicht mehr, um ihn zu retten, nur aus Verlangen, nur um ihn vielleicht nochmals zu sehen. Und er lief bis vor die Stadt.

Als er nahe bei der Stadt auf die breite Straße gelangte, blieb er stehen, am Eingang des schönen Lustgartens, der einst Kamala gehört hatte, wo er sie einst, in der Sänfte, zum erstenmal gesehen hatte. Das Damalige stand in seiner Seele auf, wieder sah er sich dort stehen, jung, ein bärtiger nackter Samana, das Haar voll Staub. Lange stand Siddhartha und blickte durch das offene Tor in den Garten, Mönche in gelben Kutten sah er unter den schönen Bäumen gehen.

Lange stand er, nachdenkend, Bilder sehend, der Geschichte seines Lebens lauschend. Lange stand er, blickte nach den Mönchen, sah statt ihrer den jungen Siddhartha, sah die junge Kamala unter den hohen Bäumen gehen. Deutlich sah er sich, wie er von Kamala bewirtet ward, wie er ihren ersten Kuß empfing, wie er stolz und verächtlich auf sein Brahmanentum zurückblickte, stolz und verlangend sein Weltleben begann. Er sah Kamaswami, sah die Diener, die Gelage, die Würfelspieler, die Musikanten, sah Kamalas Singvogel im Käfig, lebte dies alles nochmals, atmete Sansara, war nochmals alt und müde, fühlte nochmals den Ekel, fühlte nochmals den Wunsch, sich auszulöschen, genas nochmals am heiligen Om.

Nachdem er lange beim Tor des Gartens gestanden war, sah Siddhartha ein, daß das Verlangen töricht war, das ihn bis zu dieser Stätte getrieben hatte, daß er seinem Sohne nicht helfen konnte, daß er sich nicht an ihn hängen durfte. Tief fühlte er die Liebe zu dem Entflohenen im Herzen, wie eine Wunde, und fühlte zugleich, daß ihm die Wunde nicht gegeben war, um in ihr zu wühlen, daß sie zur Blüte werden und strahlen müsse.

Daß die Wunde zu dieser Stunde noch nicht blühte, noch nicht strahlte, machte ihn traurig. An der Stelle des Wunschzieles, das ihn hierher und dem entflohenen Sohne nachgezogen hatte, stand nun Leere. Traurig setzte er sich nieder, fühlte etwas in seinem Herzen sterben, empfand Leere, sah keine Freude mehr, kein Ziel. Er saß versunken und wartete. Dies hatte er am Flusse gelernt, dies eine: warten, Geduld haben, lauschen. Und er saß und lauschte, im Staub der Straße, lauschte seinem Herzen, wie es müd und traurig ging, wartete auf eine Stimme. Manche Stunde kauerte er lauschend, sah keine Bilder mehr, sank in die Leere, ließ sich sinken, ohne einen Weg zu sehen. Und wenn er die Wunde brennen fühlte, sprach er lautlos das Om, füllte sich mit Om. Die Mönche im Garten sahen ihn, und da er viele Stunden kauerte und auf seinen grauen Haaren der Staub sich sammelte, kam einer gegangen und legte zwei Pisangfrüchte vor ihm nieder. Der Alte sah ihn nicht.

Aus dieser Erstarrung weckte ihn eine Hand, welche seine Schulter berührte. Alsbald erkannte er diese Berührung, die zarte, schamhafte, und kam zu sich. Er erhob sich und begrüßte Vasudeva, welcher ihm nachgegangen war. Und da er in Vasudevas freundliches Gesicht schaute, in die kleinen, wie mit lauter Lächeln ausgefüllten Falten, in die heiteren Augen, da lächelte auch er. Er sah nun die Pisangfrüchte vor sich liegen, hob sie auf, gab eine dem Fährmann, aß selbst die andere. Darauf ging er schweigend mit Vasudeva in den Wald zurück, kehrte zur Fähre heim. Keiner sprach von dem, was heute geschehen war, keiner nannte den Namen des Knaben, keiner sprach von seiner Flucht, keiner sprach von der Wunde. In der Hütte legte sich Siddhartha auf sein Lager, und da nach einer Weile Vasudeva zu ihm trat, um ihm eine Schale Kokosmilch anzubieten, fand er ihn schon schlafend.

Om

Lange noch brannte die Wunde. Manchen Reisenden mußte Siddhartha über den Fluß setzen, der einen Sohn oder eine Tochter bei sich hatte, und keinen von ihnen sah er, ohne daß er ihn beneidete, ohne daß er dachte: »So viele, so viel Tausende besitzen dies holdeste Glück – warum ich nicht? Auch böse Menschen, auch Diebe und Räuber haben Kinder, und lieben sie, und werden von ihnen geliebt, nur ich nicht.« So einfach, so ohne Verstand dachte er nun, so ähnlich war er den Kindermenschen geworden.

Anders sah er jetzt die Menschen an als früher, weniger klug, weniger stolz, dafür wärmer, dafür neugieriger, beteiligter. Wenn er Reisende der gewöhnlichen Art übersetzte, Kindermenschen, Geschäftsleute, Krieger, Weibervolk, so erschienen diese Leute ihm nicht fremd wie einst: er verstand sie, er verstand und teilte ihr nicht von Gedanken und Einsichten, sondern einzig von Trieben und Wünschen geleitetes Leben, er fühlte sich wie sie. Obwohl er nahe der Vollendung war, und an seiner letzten Wunde trug, schien ihm doch, diese Kindermenschen seien seine Brüder, ihre Eitelkeiten, Begehrlichkeiten und Lächerlichkeiten verloren das Lächerliche für ihn, wurden begreiflich, wurden liebenswert, wurden ihm sogar verehrungswürdig. Die blinde Liebe einer Mutter zu ihrem Kind, den dummen, blinden Stolz eines eingebildeten Vaters auf sein einziges Söhnlein, das blinde, wilde Streben nach Schmuck und nach bewundernden Männeraugen bei einem jungen, eitlen Weibe, alle diese Triebe, alle diese Kindereien, alle diese einfachen, törichten, aber ungeheuer starken, stark lebenden, stark sich durchsetzenden Triebe und Begehrlichkeiten waren für Siddhartha jetzt keine Kindereien mehr, er sah um ihretwillen die Menschen leben, sah sie um ihretwillen Unendliches leisten, Reisen tun, Kriege führen, Unendliches leiden, Unendliches ertragen, und er konnte sie dafür lieben, er sah das Leben, das Lebendige, das Unzerstörbare, das Brahman in jeder ihrer Leidenschaften, jeder ihrer Taten. Liebenswert und bewundernswert waren diese Menschen in ihrer blinden Treue, ihrer blinden Stärke und Zähigkeit. Nichts fehlte ihnen, nichts hatte der Wissende und Denker vor ihnen voraus als eine einzige Kleinigkeit, eine einzige winzige kleine Sache: das Bewußtsein, den bewußten Gedanken der Einheit alles Lebens. Und Siddhartha zweifelte sogar zu mancher Stunde, ob dies Wissen, dieser Gedanke so sehr hoch zu werten, ob nicht auch er vielleicht eine Kinderei der Denkmenschen, der Denk-Kindermenschen sein möchte. In allem andern waren die Weltmenschen dem Weisen ebenbürtig, waren ihm oft weit überlegen, wie ja auch Tiere in ihrem zähen, unbeirrten Tun des Notwendigen in manchen Augenblicken den Menschen überlegen scheinen können.

Langsam blühte, langsam reifte in Siddhartha die Erkenntnis, das Wissen darum, ⌜was eigentlich Weisheit sei⌝, was seines langen Suchens Ziel sei. Es war nichts als eine Bereitschaft der Seele, eine Fähigkeit, eine geheime Kunst, jeden Augenblick, mitten im Leben, den Gedanken der Einheit denken, die Einheit fühlen und einatmen zu können. Langsam blühte dies in ihm auf, strahlte ihm aus Vasudevas altem Kindergesicht wider: Harmonie, Wissen um die ewige Vollkommenheit der Welt, Lächeln, Einheit.

Die Wunde aber brannte noch, sehnlich und bitter gedachte Siddhartha seines Sohnes, pflegte seine Liebe und Zärtlichkeit im Herzen, ließ den Schmerz an sich fressen, beging alle Torheiten der Liebe. Nicht von selbst erlosch diese Flamme.

Und eines Tages, als die Wunde heftig brannte, fuhr Siddhartha über den Fluß, gejagt von Sehnsucht, stieg aus und war willens, nach der Stadt zu gehen und seinen Sohn zu suchen. Der Fluß floß sanft und leise, es war in der trockenen Jahreszeit, aber seine Stimme klang sonderbar: sie lachte! Sie lachte deutlich. Der Fluß lachte, er lachte hell und klar den alten Fährmann aus. Siddhartha blieb stehen, er beugte sich übers Wasser, um noch besser zu hören, und im still ziehenden Wasser sah er sein Gesicht gespiegelt, und in diesem gespiegelten Gesicht war etwas, das ihn erinnerte, etwas Vergessenes, und da er sich besann, fand er es: dies Gesicht glich einem andern, das er einst gekannt und geliebt und auch gefürchtet hatte. Es glich dem Gesicht seines Vaters, des Brahmanen. Und er erinnerte sich, wie er vor Zeiten, ein Jüngling, seinen Vater gezwungen hatte, ihn zu den Büßern gehen zu lassen, wie er Abschied von ihm genommen hatte, wie er gegangen und nie mehr wiedergekommen war. Hatte nicht auch sein Vater um ihn dasselbe Leid gelitten, wie er es nun um seinen Sohn litt? War nicht sein Vater längst gestorben, allein, ohne seinen Sohn wiedergesehen zu haben? Mußte er selbst nicht dies selbe Schicksal erwarten? War es nicht eine Komödie, eine seltsame und dumme Sache, diese Wiederholung, dieses Laufen in einem verhängnisvollen Kreise?

Der Fluß lachte. Ja, es war so, es kam alles wieder, was nicht bis zu Ende gelitten und gelöst ward, es wurden immer wieder dieselben Leiden gelitten. Siddhartha aber stieg wieder in das Boot und fuhr zu der Hütte zurück, seines Vaters gedenkend, seines Sohnes gedenkend, vom Flusse verlacht, mit sich selbst im Streit, geneigt zur Verzweiflung, und nicht minder geneigt, über sich und die ganze Welt laut mitzulachen. Ach, noch blühte die Wunde nicht, noch wehrte sein Herz sich wider das Schicksal, noch strahlte nicht Heiterkeit und Sieg aus seinem Leide. Doch fühlte er Hoffnung, und da er zur Hütte zurückgekehrt war, spürte er ein unbesiegbares Verlangen, sich vor Vasudeva zu öffnen, ihm alles zu zeigen, ihm, dem Meister des Zuhörens, alles zu sagen.

Vasudeva saß in der Hütte und flocht an einem Korbe. Er fuhr nicht mehr mit dem Fährboot, seine Augen begannen schwach zu werden, und nicht nur seine Augen, auch seine Arme und Hände. Unverändert und blühend war nur die Freude und das heitere Wohlwollen seines Gesichtes.

Siddhartha setzte sich zu dem Greise, langsam begann er zu sprechen. Worüber sie niemals gesprochen hatten, davon erzählte er jetzt, von seinem Gange zur Stadt, damals, von der brennenden Wunde, von seinem Neid beim Anblick glücklicher Väter, von seinem Wissen um die Torheit solcher Wünsche, von seinem vergeblichen Kampf wider sie. Alles berichtete er, alles konnte er sagen, auch das Peinlichste, alles ließ sich sagen, alles sich zeigen, alles konnte er erzählen. Er zeigte seine Wunde dar, erzählte auch seine heutige Flucht, wie er übers Wasser gefahren sei, kindischer Flüchtling, willens, nach der Stadt zu wandern, wie der Fluß gelacht habe.

Während er sprach, lange sprach, während Vasudeva mit stillem Gesicht lauschte, empfand Siddhartha dies Zuhören Vasudevas stärker, als er es jemals gefühlt hatte, er spürte, wie seine Schmerzen, seine Beängstigungen hinüberflossen, wie seine heimliche Hoffnung hinüberfloß, ihm von drüben wieder entgegenkam. Diesem Zuhörer seine Wunde zu zeigen, war dasselbe wie sie im Flusse baden, bis sie kühl und mit dem Flusse eins wurde. Während er immer noch sprach, immer noch bekannte und beichtete, fühlte Siddhartha mehr und mehr, daß dies nicht mehr Vasudeva, nicht mehr ein Mensch war, der ihm zuhörte, daß dieser regungslos Lauschende seine Beichte in sich einsog wie ein Baum den Regen, daß dieser Regungslose der Fluß selbst, daß er Gott selbst, daß er das Ewige selbst war. Und während Siddhartha aufhörte, an sich und an seine Wunde zu denken, nahm diese Erkenntnis vom veränderten Wesen des Vasudeva von ihm Besitz, und je mehr er es empfand und darein eindrang, desto weniger wunderlich wurde es, desto mehr sah er ein, daß alles in Ordnung und natürlich war, daß Vasudeva schon lange, beinahe schon immer so gewesen sei, daß nur er selbst es nicht ganz erkannt hatte, ja daß er selbst von jenem kaum noch verschieden sei. Er empfand, daß er den alten Vasudeva nun so sehe, wie das Volk die Götter sieht, und daß dies nicht von Dauer sein könne; er begann im Herzen von Vasudeva Abschied zu nehmen. Dabei sprach er immerfort.

Als er zu Ende gesprochen hatte, richtete Vasudeva seinen freundlichen, etwas schwach gewordenen Blick auf ihn, sprach nicht, strahlte ihm schweigend Liebe und Heiterkeit entgegen, Verständnis und Wissen. Er nahm Siddharthas Hand, führte ihn zum Sitz am Ufer, setzte sich mit ihm nieder, lächelte dem Flusse zu.

»Du hast ihn lachen hören«, sagte er. »Aber du hast nicht alles gehört. Laß uns lauschen, du wirst mehr hören.«

Sie lauschten. Sanft klang der vielstimmige Gesang des Flusses. Siddhartha schaute ins Wasser, und im ziehenden Wasser erschienen ihm Bilder: sein Vater erschien, einsam, um den Sohn trauernd, er selbst erschien, einsam, auch er mit den Banden der Sehnsucht an den fernen Sohn gebunden; es erschien sein Sohn, einsam auch er, der Knabe, begehrlich auf der brennenden Bahn seiner jungen Wünsche stürmend, jeder auf sein Ziel gerichtet, jeder vom Ziel besessen, jeder leidend. Der Fluß sang mit einer Stimme des Leidens, sehnlich sang er, sehnlich floß er seinem Ziele zu, klagend klang seine Stimme.

»Hörst du?« fragte Vasudevas stummer Blick. Siddhartha nickte.

»Höre besser!« flüsterte Vasudeva.

Siddhartha bemühte sich, besser zu hören. Das Bild des Vaters, sein eigenes Bild, das Bild des Sohnes flossen ineinander, auch Kamalas Bild erschien und zerfloß, und das Bild Govindas, und andere Bilder, und flossen ineinander über, wurden alle zum Fluß, strebten alle als Fluß dem Ziele zu, sehnlich, begehrend, leidend, und des Flusses Stimme klang voll Sehnsucht, voll von brennendem Weh, voll von unstillbarem Verlangen. Zum Ziele strebte der Fluß, Siddhartha sah ihn eilen, den Fluß, der aus ihm und den Seinen und aus allen Menschen bestand, die er je gesehen hatte, alle die Wellen und Wasser eilten, leidend, Zielen zu, vielen Zielen, dem Wasserfall, dem See, der Stromschnelle, dem Meere, und alle Ziele wurden erreicht, und jedem folgte ein neues, und aus dem Wasser ward Dampf und stieg in den Himmel, ward Regen und stürzte aus dem Himmel herab, ward Quelle, ward Bach, ward Fluß, strebte aufs neue, floß aufs neue. Aber die sehnliche Stimme hatte sich verändert. Noch tönte sie, leidvoll, suchend, aber andre Stimmen gesellten sich zu ihr, Stimmen der Freude und des Leides, gute und böse Stimmen, lachende und trauernde, hundert Stimmen, tausend Stimmen.

Siddhartha lauschte. Er war nun ganz Lauscher, ganz ins Zuhören vertieft, ganz leer, ganz einsaugend, er fühlte, daß er nun das Lauschen zu Ende gelernt habe. Oft schon hatte er all dies gehört, diese vielen Stimmen im Fluß, heute klang es neu. Schon konnte er die vielen Stimmen nicht mehr unterscheiden, nicht frohe von weinenden, nicht kindliche von männlichen, sie gehörten alle zusammen, Klage der Sehnsucht und Lachen des Wissenden, Schrei des Zorns und Stöhnen der Sterbenden, alles war eins, alles war ineinander verwoben und verknüpft, tausendfach verschlungen. Und alles zusammen, alle Stimmen, alle Ziele, alles Sehnen, alle Leiden, alle Lust, alles Gute und Böse, alles zusammen war die Welt. Alles zusammen war der

Fluß des Geschehens, war die Musik des Lebens. Und wenn Siddhartha aufmerksam diesem Fluß, diesem tausendstimmigen Liede lauschte, wenn er nicht auf das Leid noch auf das Lachen hörte, wenn er seine Seele nicht an irgendeine Stimme band und mit seinem Ich in sie einging, sondern alle hörte, das Ganze, die Einheit vernahm, dann bestand das große Lied der tausend Stimmen aus einem einzigen Worte, das hieß Om: die Vollendung.

»Hörst du?« fragte wieder Vasudevas Blick.

Hell glänzte Vasudevas Lächeln, über all den Runzeln seines alten Antlitzes schwebte es leuchtend, wie über all den Stimmen des Flusses das Om schwebte. Hell glänzte sein Lächeln, als er den Freund anblickte, und hell glänzte nun auch auf Siddharthas Gesicht dasselbe Lächeln auf. Seine Wunde blühte, sein Leid strahlte, sein Ich war in die Einheit geflossen.

In dieser Stunde hörte Siddhartha auf, mit dem Schicksal zu kämpfen, hörte auf zu leiden. Auf seinem Gesicht blühte die Heiterkeit des Wissens, dem kein Wille mehr entgegensteht, das die Vollendung kennt, das einverstanden ist mit dem Fluß des Geschehens, mit dem Strom des Lebens, voll Mitleid, voll Mitlust, dem Strömen hingegeben, der Einheit zugehörig.

Als Vasudeva sich von dem Sitz am Ufer erhob, als er in Siddharthas Augen blickte und die Heiterkeit des Wissens darin strahlen sah, berührte er dessen Schulter leise mit der Hand, in seiner behutsamen und zarten Weise, und sagte: »Ich habe auf diese Stunde gewartet, Lieber. Nun sie gekommen ist, laß mich gehen. Lange habe ich auf diese Stunde gewartet, lange bin ich der Fährmann Vasudeva gewesen. Nun ist es genug. Lebe wohl, Hütte, lebe wohl, Fluß, lebe wohl, Siddhartha!«

Siddhartha verneigte sich tief vor dem Abschiednehmenden.

»Ich habe es gewußt«, sagte er leise. »Du wirst in die Wälder gehen?«

»Ich gehe in die Wälder, ich gehe in die Einheit«, sprach Vasudeva strahlend.
Strahlend ging er hinweg; Siddhartha blickte ihm nach. Mit tiefer Freude, mit tiefem Ernst blickte er ihm nach, sah seine Schritte voll Frieden, sah sein Haupt voll Glanz, sah seine Gestalt voll Licht.

Govinda

Mit anderen Mönchen weilte Govinda einst während einer Rastzeit in dem Lusthain, welchen die Kurtisane Kamala den Jüngern des Gotama geschenkt hatte. Er hörte von einem alten Fährmanne sprechen, welcher eine Tagereise entfernt am Flusse wohne, und der von vielen für einen Weisen gehalten werde. Als Govinda des Weges weiterzog, wählte er den Weg zur Fähre, begierig, diesen Fährmann zu sehen. Denn ob er wohl sein Leben lang nach der Regel gelebt hatte, auch von den jüngeren Mönchen seines Alters und seiner Bescheidenheit wegen mit Ehrfurcht angesehen wurde, war doch in seinem Herzen die Unruhe und das Suchen nicht erloschen.
Er kam zum Flusse, er bat den Alten um Überfahrt, und da sie drüben aus dem Boot stiegen, sagte er zum Alten: »Viel Gutes erweisest du uns Mönchen und Pilgern, viele von uns hast du schon übergesetzt. Bist nicht auch du, Fährmann, ein Sucher nach dem rechten Pfade?«
Sprach Siddhartha, aus den alten Augen lächelnd: »Nennst du dich einen Sucher, o Ehrwürdiger, und bist doch schon hoch in den Jahren und trägst das Gewand der Mönche Gotamas?«
»Wohl bin ich alt«, sprach Govinda, »zu suchen aber habe ich nicht aufgehört. Nie werde ich aufhören zu suchen, dies

scheint meine Bestimmung. Auch du, so scheint es mir, hast gesucht. Willst du mir ein Wort sagen, Verehrter?«

Sprach Siddhartha: »Was sollte ich dir, Ehrwürdiger, wohl zu sagen haben? Vielleicht das, daß du allzuviel suchst? Daß du vor Suchen nicht zum Finden kommst?«

»Wie denn?« fragte Govinda.

»Wenn jemand sucht«, sagte Siddhartha, »dann geschieht es leicht, daß sein Auge nur noch das Ding sieht, das er sucht, daß er nichts zu finden, nichts in sich einzulassen vermag, weil er nur immer an das Gesuchte denkt, weil er ein Ziel hat, weil er vom Ziel besessen ist. Suchen heißt: ein Ziel haben. Finden aber heißt: frei sein, offen stehen, kein Ziel haben. Du, Ehrwürdiger, bist vielleicht in der Tat ein Sucher, denn, deinem Ziel nachstrebend, siehst du manches nicht, was nah vor deinen Augen steht.«

»Noch verstehe ich nicht ganz«, bat Govinda, »wie meinst du das?«

Sprach Siddhartha: »Einst, o Ehrwürdiger, vor manchen Jahren, bist du schon einmal an diesem Flusse gewesen und hast am Fluß einen Schlafenden gefunden, und hast dich zu ihm gesetzt, um seinen Schlaf zu behüten. Erkannt aber, o Govinda, hast du den Schlafenden nicht.«

Staunend, wie ein Bezauberter, blickte der Mönch in des Fährmanns Augen.

»Bist du Siddhartha?« fragte er mit scheuer Stimme. »Ich hätte dich auch dieses Mal nicht erkannt! Herzlich grüße ich dich, Siddhartha, herzlich freue ich mich, dich nochmals zu sehen! Du hast dich sehr verändert, Freund. – Und nun bist du also ein Fährmann geworden?«

Freundlich lachte Siddhartha. »Ein Fährmann, ja. Manche, Govinda, müssen sich viel verändern, müssen allerlei Gewand tragen, ihrer einer bin ich, Lieber. Sei willkommen, Govinda, und bleibe die Nacht in meiner Hütte.«

Govinda blieb die Nacht in der Hütte und schlief auf dem Lager, das einst Vasudevas Lager gewesen war. Viele Fragen richtete er an den Freund seiner Jugend, vieles mußte ihm Siddhartha aus seinem Leben erzählen.

Als es am andern Morgen Zeit war, die Tageswanderung anzutreten, da sagte Govinda, nicht ohne Zögern, die Worte: »Ehe ich meinen Weg fortsetze, Siddhartha, erlaube mir noch eine Frage. Hast du eine Lehre? Hast du einen Glauben oder ein Wissen, dem du folgst, das dir leben und recht tun hilft?«

Sprach Siddhartha: »Du weißt, Lieber, daß ich schon als junger Mann, damals, als wir bei den Büßern im Walde lebten, dazu kam, den Lehren und Lehrern zu mißtrauen und ihnen den Rücken zu wenden. Ich bin dabei geblieben. Dennoch habe ich seither viele Lehrer gehabt. Eine schöne Kurtisane ist lange Zeit meine Lehrerin gewesen, und ein reicher Kaufmann war mein Lehrer, und einige Würfelspieler. Einmal ist auch ein wandernder Jünger Buddhas mein Lehrer gewesen; er saß bei mir, als ich im Walde eingeschlafen war, auf der Pilgerschaft. Auch von ihm habe ich gelernt, auch ihm bin ich dankbar, sehr dankbar. Am meisten aber habe ich hier von diesem Flusse gelernt, und von meinem Vorgänger, dem Fährmann Vasudeva. Er war ein sehr einfacher Mensch, Vasudeva, er war kein Denker, aber er wußte das Notwendige, so gut wie Gotama, er war ein Vollkommener, ein Heiliger.«

Govinda sagte: »Noch immer, o Siddhartha, liebst du ein wenig den Spott, wie mir scheint. Ich glaube dir und weiß es, daß du nicht einem Lehrer gefolgt bist. Aber hast nicht du selbst, wenn auch nicht eine Lehre, so doch gewisse Gedanken, gewisse Erkenntnisse gefunden, welche dein eigen sind und die dir leben helfen? Wenn du mir von diesen etwas sagen möchtest, würdest du mir das Herz erfreuen.«

Sprach Siddhartha: »Ich habe Gedanken gehabt, ja, und Erkenntnisse, je und je. Ich habe manchmal, für eine Stunde oder für einen Tag, Wissen in mir gefühlt, so wie man Leben in seinem Herzen fühlt. Manche Gedanken waren es, aber schwer wäre es für mich, sie dir mitzuteilen. Sieh, mein Govinda, dies ist einer meiner Gedanken, die ich gefunden habe: Weisheit ist nicht mitteilbar. Weisheit, welche ein Weiser mitzuteilen versucht, klingt immer wie Narrheit.«

»Scherzest du?« fragte Govinda.

»Ich scherze nicht. Ich sage, was ich gefunden habe. Wissen kann man mitteilen, Weisheit aber nicht. Man kann sie finden, man kann sie leben, man kann von ihr getragen werden, man kann mit ihr Wunder tun, aber sagen und lehren kann man sie nicht. Dies war es, was ich schon als Jüngling manchmal ahnte, was mich von den Lehrern fortgetrieben hat. Ich habe einen Gedanken gefunden, Govinda, den du wieder für Scherz oder für Narrheit halten wirst, der aber mein bester Gedanke ist. Er heißt: von jeder Wahrheit ist das Gegenteil ebenso wahr! Nämlich so: eine Wahrheit läßt sich immer nur aussprechen und in Worte hüllen, wenn sie einseitig ist. Einseitig ist alles, was mit Gedanken gedacht und mit Worten gesagt werden kann, alles einseitig, alles halb, alles entbehrt der Ganzheit, des Runden, der Einheit. Wenn der erhabene Gotama lehrend von der Welt sprach, so mußte er sie teilen in Sansara und Nirwana, in Täuschung und Wahrheit, in Leid und Erlösung. Man kann nicht anders, es gibt keinen andern Weg für den, der lehren will. Die Welt selbst aber, das Seiende um uns her und in uns innen, ist nie einseitig. Nie ist ein Mensch, oder eine Tat, ganz Sansara oder ganz Nirwana, nie ist ein Mensch ganz heilig oder ganz sündig. Es scheint ja so, weil wir der Täuschung unterworfen sind, daß Zeit etwas Wirkliches sei. Zeit ist nicht wirklich, Govinda, ich habe dies oft und oft erfahren. Und wenn Zeit nicht wirklich ist, so ist die Spanne, die zwischen Welt und Ewigkeit, zwischen Leid und Seligkeit, zwischen Böse und Gut zu liegen scheint, auch eine Täuschung.«

»Wie das?« fragte Govinda ängstlich.

»Höre gut, Lieber, höre gut! Der Sünder, der ich bin und der du bist, der ist Sünder, aber er wird einst wieder Brahma sein, er wird einst Nirwana erreichen, wird Buddha sein – und nun siehe: dies ›Einst‹ ist Täuschung, ist nur Gleichnis! Der Sünder ist nicht auf dem Weg zur Buddhaschaft unterwegs, er ist nicht in einer Entwicklung begriffen, obwohl unser Denken sich die Dinge nicht anders vorzustellen weiß. Nein, in dem Sünder ist, ist jetzt und heute schon der künftige Buddha, seine Zukunft ist alle schon da, du hast in ihm, in dir, in jedem den werdenden, den möglichen, den verborgenen Buddha zu verehren. Die Welt, Freund Govinda, ist nicht unvollkommen, oder auf einem langsamen Wege zur Vollkommenheit begriffen: nein, sie ist in jedem Augenblick vollkommen, alle Sünde trägt schon die Gnade in sich, alle kleinen Kinder haben schon den Greis in sich, alle Säuglinge den Tod, alle Sterbenden das ewige Leben. Es ist keinem Menschen möglich, vom anderen zu sehen, wie weit er auf seinem Wege sei, im Räuber und Würfelspieler wartet Buddha, im Brahmanen wartet der Räuber. Es gibt in der tiefen Meditation die Möglichkeit, die Zeit aufzuheben, alles gewesene, seiende und sein werdende Leben als gleichzeitig zu sehen, und da ist alles gut, alles vollkommen, alles ist Brahman. Darum scheint mir das, was ist, gut, es scheint mir Tod wie Leben, Sünde wie Heiligkeit, Klugheit wie Torheit, alles muß so sein, alles bedarf nur meiner Zustimmung, nur meiner Willigkeit, meines liebenden Einverständnisses, so ist es für mich gut, kann mir nie schaden. Ich habe an meinem Leibe und an meiner Seele erfahren, daß ich der Sünde sehr bedurfte, ich bedurfte der Wollust, des Strebens nach Gütern, der Eitelkeit und bedurfte der schmählichsten Verzweiflung, um das Widerstreben aufgeben zu lernen, um die Welt lieben zu lernen, um sie nicht mehr mit irgendeiner von mir gewünschten, von mir eingebildeten Welt zu vergleichen, einer von mir ausgedachten Art der Vollkommenheit, sondern sie zu lassen, wie sie ist, und sie zu lieben, und ihr gerne anzugehören. – Dies, o Govinda, sind einige von den Gedanken, die mir in den Sinn gekommen sind.« Siddhartha bückte sich, hob einen Stein vom Erdboden auf und wog ihn in der Hand.

»Dies hier«, sagte er spielend, »ist ein Stein, und er wird in einer bestimmten Zeit vielleicht Erde sein, und wird aus Erde Pflanze werden, oder Tier oder Mensch. Früher nun hätte ich gesagt: ›Dieser Stein ist bloß ein Stein, er ist wertlos, er gehört der Welt der Maja an: aber weil er vielleicht im Kreislauf der Verwandlungen auch Mensch und Geist werden kann, darum schenke ich auch ihm Geltung.‹ So hätte ich früher vielleicht gedacht. Heute aber denke ich: dieser Stein ist Stein, er ist auch Tier, er ist auch Gott, er ist auch Buddha, ich verehre und liebe ihn nicht, weil er einstmals dies oder jenes werden könnte, sondern weil er alles längst und immer ist – und gerade dies, daß er Stein ist, daß er mir jetzt und heute als Stein erscheint, gerade darum liebe ich ihn, und sehe Wert und Sinn in jeder von seinen Adern und Höhlungen, in dem Gelb, in dem Grau, in der Härte, im Klang, den er von sich gibt, wenn ich ihn beklopfe, in der Trockenheit oder Feuchtigkeit seiner Oberfläche. Es gibt Steine, die fühlen sich wie Öl oder wie Seife an, und andre wie Blätter, andre wie Sand, und jeder ist besonders und betet das Om auf seine Weise, jeder ist Brahman, zugleich aber und ebensosehr ist er Stein, ist ölig oder seifig, und gerade das gefällt mir und scheint mir wunderbar und der Anbetung würdig. – Aber mehr laß mich davon nicht sagen. Die Worte tun dem geheimen Sinn nicht gut, es wird immer alles gleich ein wenig anders, wenn man es ausspricht, ein wenig verfälscht, ein wenig närrisch – ja, und auch das ist sehr gut und gefällt mir sehr, auch damit bin ich sehr einverstanden, daß das, was eines Menschen Schatz und Weisheit ist, dem andern immer wie Narrheit klingt.«

Schweigend lauschte Govinda.

»Warum hast du mir das von dem Steine gesagt?« fragte er nach einer Pause zögernd.

»Es geschah ohne Absicht. Oder vielleicht war es so gemeint, daß ich eben den Stein, und den Fluß, und alle diese Dinge, die wir betrachten und von denen wir lernen können, liebe. Einen Stein kann ich lieben, Govinda, und auch einen Baum oder ein Stück Rinde. Das sind Dinge, und Dinge kann man lieben. Worte aber kann ich nicht lieben. Darum sind Lehren nichts für mich, sie haben keine Härte, keine Weiche, keine Farben, keine Kanten, keinen Geruch, keinen Geschmack, sie haben nichts als Worte. Vielleicht ist es dies, was dich hindert, den Frieden zu finden, vielleicht sind es die vielen Worte. Denn auch Erlösung und Tugend, auch Sansara und Nirwana sind bloße Worte, Govinda. Es gibt kein Ding, das Nirwana wäre; es gibt nur das Wort Nirwana.«

Sprach Govinda: »Nicht nur ein Wort, Freund, ist Nirwana. Es ist ein Gedanke.«

Siddhartha fuhr fort: »Ein Gedanke, es mag so sein. Ich muß dir gestehen, Lieber: ich unterscheide zwischen Gedanken und Worten nicht sehr. Offen gesagt, halte ich auch von Gedanken nicht viel. Ich halte von Dingen mehr. Hier auf diesem Fährboot zum Beispiel war ein Mann mein Vorgänger und Lehrer, ein heiliger Mann, der hat manche Jahre lang einfach an den Fluß geglaubt, sonst an nichts. Er hat gemerkt, daß des Flusses Stimme zu ihm sprach, von ihr lernte er, sie erzog und lehrte ihn, der Fluß schien ihm ein Gott, viele Jahre lang wußte er nicht, daß jeder Wind, jede Wolke, jeder Vogel, jeder Käfer genau so göttlich ist und ebensoviel weiß und lehren kann wie der verehrte Fluß. Als dieser Heilige aber in die Wälder ging, da wußte er alles, wußte mehr als du und ich, ohne Lehrer, ohne Bücher, nur weil er an den Fluß geglaubt hatte.«

Govinda sagte: »Aber ist das, was du ›Dinge‹ nennst, denn

etwas Wirkliches, etwas Wesenhaftes? Ist das nicht nur Trug der Maja, nur Bild und Schein? Dein Stein, dein Baum, dein Fluß – sind sie denn Wirklichkeiten?«

»Auch dies«, sprach Siddhartha, »bekümmert mich nicht sehr. Mögen die Dinge Schein sein oder nicht, auch ich bin alsdann ja Schein, und so sind sie stets meinesgleichen. Das ist es, was sie mir so lieb und verehrenswert macht: sie sind meinesgleichen. Darum kann ich sie lieben. Und dies ist nun eine Lehre, über welche du lachen wirst: die Liebe, o Govinda, scheint mir von allem die Hauptsache zu sein. Die Welt zu durchschauen, sie zu erklären, sie zu verachten, mag großer Denker Sache sein. Mir aber liegt einzig daran, die Welt lieben zu können, sie nicht zu verachten, sie und mich nicht zu hassen, sie und mich und alle Wesen mit Liebe und Bewunderung und Ehrfurcht betrachten zu können.«

»Dies verstehe ich«, sprach Govinda. »Aber eben dies hat er, der Erhabene, als Trug erkannt. Er gebietet Wohlwollen, Schonung, Mitleid, Duldung, nicht aber Liebe; er verbot uns, unser Herz in Liebe an Irdisches zu fesseln.«

»Ich weiß es«, sagte Siddhartha; sein Lächeln strahlte golden. »Ich weiß es, Govinda. Und siehe, da sind wir mitten im Dickicht der Meinungen drin, im Streit um Worte. Denn ich kann nicht leugnen, meine Worte von der Liebe stehen im Widerspruch, im scheinbaren Widerspruch zu Gotamas Worten. Eben darum mißtraue ich den Worten so sehr, denn ich weiß, dieser Widerspruch ist Täuschung. Ich weiß, daß ich mit Gotama einig bin. Wie sollte denn auch Er die Liebe nicht kennen. Er, der alles Menschensein in seiner Vergänglichkeit, in seiner Nichtigkeit erkannt hat, und dennoch die Menschen so sehr liebte, daß er ein langes, mühevolles Leben einzig darauf verwendet hat, ihnen zu helfen, sie zu lehren! Auch bei ihm, auch bei deinem großen Lehrer, ist mir das Ding lieber als die Worte, sein Tun und Leben wichtiger als sein Reden, die Gebärde seiner Hand wichtiger als seine Meinungen. Nicht im Reden, nicht im Denken sehe ich seine Größe, nur im Tun, im Leben.«

Lange schwiegen die beiden alten Männer. Dann sprach Govinda, indem er sich zum Abschied verneigte: »Ich danke dir, Siddhartha, daß du mir etwas von deinen Gedanken gesagt hast. Es sind zum Teil seltsame Gedanken, nicht alle sind mir sofort verständlich geworden. Dies möge sein, wie es wolle, ich danke dir, und ich wünsche dir ruhige Tage.« (Heimlich bei sich aber dachte er: Dieser Siddhartha ist ein wunderlicher Mensch, wunderliche Gedanken spricht er aus, närrisch klingt seine Lehre. Anders klingt des Erhabenen reine Lehre, klarer, reiner, verständlicher, nichts Seltsames, Närrisches oder Lächerliches ist in ihr enthalten. Aber anders als seine Gedanken scheinen mir Siddharthas Hände und Füße, seine Augen, seine Stirn, sein Atmen, sein Lächeln, sein Gruß, sein Gang. Nie mehr, seit unser erhabener Gotama in Nirwana einging, nie mehr habe ich einen Menschen angetroffen, von dem ich fühlte: dies ist ein Heiliger! Einzig ihn, diesen Siddhartha, habe ich so gefunden. Mag seine Lehre seltsam sein, mögen seine Worte närrisch klingen, sein Blick und seine Hand, seine Haut und sein Haar, alles an ihm strahlt eine Reinheit, strahlt eine Ruhe, strahlt eine Heiterkeit und Milde und Heiligkeit aus, welche ich an keinem anderen Menschen seit dem letzten Tode unseres erhabenen Lehrers gesehen habe.)

Indem Govinda also dachte, und ein Widerstreit in seinem Herzen war, neigte er sich nochmals zu Siddhartha, von Liebe gezogen. Tief verneigte er sich vor dem ruhig Sitzenden.

»Siddhartha«, sprach er, »wir sind alte Männer geworden. Schwerlich wird einer von uns den andern in dieser Gestalt wiedersehen. Ich sehe, Geliebter, daß du den Frieden gefunden hast. Ich bekenne, ihn nicht gefunden zu haben. Sage mir, Verehrter, noch ein Wort, gib mir etwas mit, das ich fassen, das ich verstehen kann! Gib mir etwas mit auf meinen Weg. Er ist oft beschwerlich, mein Weg, oft finster, Siddhartha.«

Siddhartha schwieg und blickte ihn mit dem immer gleichen, stillen Lächeln an. Starr blickte ihm Govinda ins Gesicht, mit Angst, mit Sehnsucht. Leid und ewiges Suchen stand in seinem Blick geschrieben, ewiges Nichtfinden.

Siddhartha sah es und lächelte.

»Neige dich zu mir!« flüsterte er leise in Govindas Ohr. »Neige dich zu mir her! So, noch näher! Ganz nahe! Küsse mich auf die Stirn, Govinda!«

Während aber Govinda verwundert, und dennoch von großer Liebe und Ahnung gezogen, seinen Worten gehorchte, sich nahe zu ihm neigte und seine Stirn mit den Lippen berührte, geschah ihm etwas Wunderbares. Während seine Gedanken noch bei Siddharthas wunderlichen Worten verweilten, während er sich noch vergeblich und mit Widerstreben bemühte, sich die Zeit hinwegzudenken, sich Nirwana und Sansara als Eines vorzustellen, während sogar eine gewisse Verachtung für die Worte des Freundes in ihm mit einer ungeheuren Liebe und Ehrfurcht stritt, geschah ihm dieses:

Er sah seines Freundes Siddhartha Gesicht nicht mehr, er sah statt dessen andre Gesichter, viele, eine lange Reihe, einen strömenden Fluß von Gesichtern, von Hunderten, von Tausenden, welche alle kamen und vergingen, und doch alle zugleich dazusein schienen, welche alle sich beständig veränderten und erneuerten, und welche doch alle Siddhartha waren. Er sah das Gesicht eines Fisches, eines Karpfens, mit unendlich schmerzvoll geöffnetem Maule, eines sterbenden Fisches, mit brechenden Augen – er sah das Gesicht eines neugeborenen Kindes, rot und voll Falten, zum Weinen verzogen – er sah das Gesicht eines Mörders, sah ihn ein Messer in den Leib eines Menschen stechen – er sah, zur selben Sekunde, diesen Verbrecher gefesselt knien und sein Haupt vom Henker mit einem Schwertschlag abgeschlagen werden – er sah die Körper von Männern und Frauen nackt in Stellungen und Kämpfen rasender Liebe – er sah Leichen ausgestreckt, still, kalt, leer – er sah Tierköpfe, von Ebern, von Krokodilen, von Elefanten, von Stieren, von Vögeln – er sah Götter, sah Krischna, sah Agni –, er sah alle diese Gestalten und Gesichter in tausend Beziehungen zueinander, jede der andern helfend, sie liebend, sie hassend, sie vernichtend, sie neu gebärend, jede war ein Sterbenwollen, ein leidenschaftlich schmerzliches Bekenntnis der Vergänglichkeit, und keine starb doch, jede verwandelte sich nur, wurde stets neu geboren, bekam stets ein neues Gesicht, ohne daß doch zwischen einem und dem anderen Gesicht Zeit gelegen wäre – und alle diese Gestalten und Gesichter ruhten, flossen, erzeugten sich, schwammen dahin und strömten ineinander, und über alle war beständig etwas Dünnes, Wesenloses, dennoch Seiendes, wie ein dünnes Glas oder Eis gezogen, wie eine durchsichtige Haut, eine Schale oder Form oder Maske von Wasser, und diese Maske lächelte, und diese Maske war Siddharthas lächelndes Gesicht, das er, Govinda, in ebendiesem selben Augenblick mit den Lippen berührte. Und, so sah Govinda, dies Lächeln der Maske, dies Lächeln der Einheit über den strömenden Gestaltungen, dies Lächeln der Gleichzeitigkeit über den tausend Geburten und Toden, dies Lächeln Siddharthas war genau dasselbe, war genau das gleiche, stille, feine, undurchdringliche, vielleicht gütige, vielleicht spöttische, weise, tausendfältige Lächeln Gotamas, des Buddhas, wie er selbst es hundertmal mit Ehrfurcht gesehen hatte. So, das wußte Govinda, lächelten die Vollendeten.

Nicht mehr wissend, ob es Zeit gebe, ob diese Schauung eine Sekunde oder hundert Jahre gewährt habe, nicht mehr wissend, ob es einen Siddhartha, ob es einen Gotama, ob es Ich und Du gebe, im Innersten wie von einem göttlichen

Pfeile verwundet, dessen Verwundung süß schmeckt, im Innersten verzaubert und aufgelöst, stand Govinda noch eine kleine Weile, über Siddharthas stilles Gesicht gebeugt, das er soeben geküßt hatte, das soeben Schauplatz aller Gestaltungen, alles Werdens, alles Seins gewesen war. Das Antlitz war unverändert, nachdem unter seiner Oberfläche die Tiefe der Tausendfältigkeit sich wieder geschlossen hatte, er lächelte still, lächelte leise und sanft, vielleicht sehr gütig, vielleicht sehr spöttisch, genau, wie er gelächelt hatte, der Erhabene.

Tief verneigte sich Govinda, Tränen liefen, von welchen er nichts wußte, über sein altes Gesicht, wie ein Feuer brannte das Gefühl der innigsten Liebe, der demütigsten Verehrung in seinem Herzen. Tief verneigte er sich, bis zur Erde, vor dem regungslos Sitzenden, dessen Lächeln ihn an alles erinnerte, was er in seinem Leben jemals geliebt hatte, was jemals in seinem Leben ihm wert und heilig gewesen war.

Kommentar

»Lebende Buddhas«

Zur literaturgeschichtlichen Verortung von Hermann Hesses *Siddhartha – Eine indische Dichtung*

Auffällig an den Interpretationen zu der *indischen Dichtung* von Hermann Hesse (1877–1962) ist das Bemühen, eine Entscheidung darüber herbeizuführen, ob der Autor des *Siddhartha* buddhistisches, hinduistisches oder taoistisches Gedankengut angemessen wiedergegeben hat. Die Abhängigkeit des Werks von östlicher und/oder westlicher Spiritualität genau zu bestimmen scheint essentiell für das Verständnis dieses Schriftstellers. Das Phänomen der Rezeption asiatischer Kultur wird dabei als selbstverständlich vorausgesetzt. Der bloße Hinweis auf die seit der Aufklärung in Deutschland vorhandene Beschäftigung mit indischer Kultur und Mythologie – die Linie August Wilhelm Schlegel (1767–1845), Johann Wolfgang Goethe (1749–1832), Arthur Schopenhauer (1788–1860), Paul Deussen (1845–1919) – ersetzt dabei häufig die Reflexion. Irgendwie, so darf man folgern, steht auch die literarische Avantgarde der Jahrhundertwende – Alfred Döblin (1878–1957), Robert Musil (1880–1942), Lion Feuchtwanger (1884–1958), Frank Wedekind (1864–1918), Walter Hasenclever (1890–1940) Stefan Zweig (1881–1942), Max Dauthendey (1867–1918), Fritz Mauthner (1849–1923), Waldemar Bonsels (1880–1952) und Eduard von Keyserling (1855–1918), welche sich in ihren Werken auf Asien bezogen haben – in dieser Tradition deutscher Kulturvorlieben. Dass allerdings ein Unterschied bestehen könnte zwischen der Rezeption, wie sie das 19. Jahrhundert pflegte, und dem Asien-Interesse der Jahrhundertwende sowie der Zwanzigerjahre, scheint den Hesse-Interpreten keine drängende Frage gewesen zu sein. So ist die Beziehung zwischen den ästhetischen Konzepten der europäischen Moderne und der asiatischen Kultur bisher unerklärt geblieben.

Im Falle Hermann Hesses mag es bis zu einem gewissen Grad verständlich sein, dass sich die Forschung nicht um ein genaue-

res historisches Verständnis der Anziehungskraft bemüht hat, welche von der asiatischen Kultur für die von den Erfahrungen der europäischen Moderne erschütterten Schriftsteller ausging. Hesses in der Indien-Mission tätige Vorfahren und die frühe Begegnung mit Sprache und Bildwelt der fernen Kultur liefern allemal ausreichend Hintergrundmaterial, um den »interkulturellen Transfer« problemlos darzulegen. Es ist hier in geradezu idealer Weise eine Kontinuität der Tradition gegeben, die ein Nachdenken darüber, welchen Affinitäten Hesse mit dem Rückgriff »auf Indien« noch gefolgt sein könnte, zu erübrigen scheint. Wo aber die Schwierigkeit, Hesse geschichtlich zu verorten, zur disziplinären Überlegenheitsgeste gedeiht und die im Werk zu findenden Botschaften zur alleinigen Grundlage der Wertung werden, muss man Einspruch erheben. Einzelne Interpreten begreifen die buddhistische Anschauung von der Über- und Außerzeitlichkeit des wahren Seins als Rechtfertigung ihrer eigenen ahistorischen Perspektive. So heißt es etwa in der Einleitung eines Kommentars zum *Siddhartha*: »Zeitlos Gültiges in einer sprachlichen Diktion von gekonnter und dadurch überwältigender Schlichtheit nicht nur in ganz persönlicher Zwiesprache, sondern in seinen Dichtungen formuliert und gestaltet zu haben, dies macht den Rang Hermann Hesses und die fortdauernde Wirkung seines Œuvres aus [. . .] Hier wird sich – auch in Zukunft – nichts anderes zeigen; nur die Szenen wandeln sich« (Pfeifer 1984, S. 20). Hesse fungiert dabei als außerzeitliche Bezugsinstanz innerweltlicher »Verstrickungen«. Sein Werk wird jeder historischen Bedingung entrückt, und nebenbei löst sich unter diesem Blick auch jede Möglichkeit literaturgeschichtlicher Betrachtung auf.
Im Folgenden werden deshalb Hinweise geliefert, die einer dezidiert (literar)historischen Reflexion von Hesses *Siddhartha. Eine indische Dichtung* zuarbeiten sollen.

I.

technikgeschichtlicher Zusammenhang

Die eigentliche Revolution zu Beginn des 20. Jahrhunderts wurde verursacht durch naturwissenschaftliche Entdeckungen. Dabei waren es v. a. die sogenannten »X-Strahlen«, deren Effekte auch dem öffentlichen Bewusstsein drastisch deutlich machten, dass der Eintritt in eine neue Epoche unabweisbar geworden war. Der Röntgen-Schock vergegenwärtigt vielleicht am besten die Auflösung des Weltbilds in Wellen, Strahlen und Ströme, wie sie den Anfang des 20. Jahrhunderts bestimmte. Der französische Philosoph Gilles Deleuze (1925–1995) hat in diesem Zusammenhang von einer »Katastrophe des Sehens« gesprochen: Uralte Sicherheiten und Evidenzen lösten sich buchstäblich in Nichts auf. Hinzu kamen die medialen Veränderungen, wie sie durch Kinematographie und Phonographie herbeigeführt wurden; ihr wesentlicher Effekt bestand darin, dass die menschliche Gestalt und die menschliche Stimme vom Körper vollständig abgelöst und unabhängig von ihm wahrgenommen werden konnten. Auch dadurch wurde das überkommene Raum- und Zeitgefühl zerstört. Die Literatur, sofern sie sich den Konsequenzen dieser Erfahrungen aussetzte, musste auf die Atomisierung der sinnlich erfahrbaren Welt und die apparative Vervielfältigung der menschlichen Gestalt und Stimme reagieren. Der Okkultismus hatte Konjunktur; naturwissenschaftliche Erkenntnisse und spiritistische Praktiken wurden nicht als gegensätzlich empfunden, sondern gerade in Künstlerkreisen zu bizarren neuen Deutungen versponnen. Vor diesem Hintergrund wird verstehbar, dass auch asiatische Bildwelten und buddhistisches Denken dem von den naturwissenschaftlichen Entdeckungen verstörten europäischen Bewusstsein als Angebot einer neuen Synthese des in Strahlen, Wellen und Ströme entfremdeten Weltbilds erscheinen mussten: Die buddhistische Lehre stellt ein äußerst »elastisches« imaginatives und intellektuelles System zur Verfügung. Darin kommt der Sprengung des Zeit- und Raumbewusstseins zentrale Bedeutung zu. Viele der buddhistischen Mythen sind darauf angelegt, dem Zuhörer die Relativität seiner begrenzten lebensgeschichtlichen Situation vor Augen zu führen und ihn Anschluss finden zu lassen an die »Große Zeit« kosmischer Prozesse und Dimensionen. Die Auflösung aller zeitlichen und räumlichen Begriffe wird zum einen dadurch erreicht, dass die Ketten der Geschlechter und Gattungen über jedes kreatürlich und menschlich fassbare Maß hinaus gesteigert werden;

Einfluss des Buddhismus

zum anderen dadurch, dass das Ziel jedes Geschehens durch die Gleichzeitigkeit anderer Prozesse den Anspruch auf Besonderheit verliert. Für den Buddhismus ist demzufolge die wahrnehmbare Welt bloßer temporärer Schein. Alle Erscheinungen gelten ihm als Hervorbringungen der »Maya«, deren »Schleier« den Blick auf das wahre Wesen der Dinge behindert. Die Überschreitung des mit den Sinnen Wahrnehmbaren gehört deshalb zum grundlegenden Exerzitium buddhistischer Meditation.

Es leuchtet ein, dass sich eine Lehre, welche die Negation der Erscheinungen zur Voraussetzung hat, im Europa der Jahrhundertwende als Antwort auf die »Katastrophe des Sehens« anbieten musste. Die Zumutungen der modernen Physik konnten plötzlich wie Bestätigungen der buddhistischen Weltsicht aussehen, der ein stufenloser Übergang von kosmischen zu mikroskopischen Dimensionen selbstverständlich ist, ohne dem menschlichen Körper und der sinnlichen Welt dabei ein besonderes Privileg einzuräumen. Die ältesten mystischen Spekulationen, die aus der Menschheitsgeschichte überliefert sind, schienen mit den fortgeschrittensten naturwissenschaftlichen Theorien in Einklang zu stehen.

August Strindberg

Es hat an dieser Stelle mehr als anekdotische Bedeutung, auf die psychopathologischen Störungen des schwedischen Schriftstellers und Malers August Strindberg (1849–1912) hinzuweisen, die als »Stromphobie« und »Elektrowahn« charakterisiert worden sind. In seinem Tagebuch *Inferno* (1897), das Hesse während der Unterbrechung der Arbeit am *Siddhartha* im April 1921 gelesen hat, beschreibt Strindberg die Beeinflussungen seines körperlichen Befindens durch »Ströme«, die er von Menschen und Gegenständen ausgehen fühlte. Bezeichnend ist, dass ihn später u. a. die Lektüre hinduistisch-buddhistischer Texte von seinen psychischen Zerrüttungszuständen genesen ließ. Es ist, als ob der in seinen Grenzen verwirrte Körper durch die buddhistische Lehre einem neuen Weltzusammenhang reintegriert werden konnte.

Durch die Katastrophe des Ersten Weltkriegs kommt es endgültig zur Erschütterung der abendländischen Selbstgewissheit. Aber auch hier konnte die buddhistische Transzendierung der Geschichte als Möglichkeit erscheinen, dem Geschehenen einen

Sinn zu verleihen. Die Perspektive der kosmischen »Großen Zeit« eröffnete den Ausweg aus einer Situation, in welcher der Fortschrittsglaube der Vorkriegszeit jegliche Überzeugungskraft eingebüßt hatte. Vor dem Krieg bot der Buddhismus Antwort auf die naturwissenschaftlichen Zumutungen; nach dem Krieg kam hinzu, dass er die Distanzierung von der jüngsten Geschichte ermöglichte. Er konnte helfen, den verheerenden Krieg, der sich in kein abendländisches eschatologisches, also auf ein Heilsereignis hin ausgerichtetes Geschichtskonzept mehr sinnvoll einfügen ließ, in einem kosmischen Format aufzuheben.
Vorgänge dieser Art lassen sich schwer mit Methoden ideengeschichtlicher Forschung erfassen. Es sollen hier deshalb ein Ereignis der Kinogeschichte und eine biographische Episode Erwähnung finden, welche in die unmittelbare Epoche der Entstehung des *Siddhartha* fallen. Sie zeigen, dass das intellektuelle, aber auch das Reizklima des Massengeschmacks in der Zeit nach dem Ersten Weltkrieg sozusagen angereichert war mit »Indischem«.

II.

Der Bühnen- und Filmschauspieler, Drehbuchautor und Filmregisseur Paul Wegener (1874–1948) wurde weltberühmt durch Paul Wegener den Film *Der Golem – wie er in die Welt kam* (1914). Für Wegener bedeutete *Der Golem* den Höhe- und zugleich Wendepunkt seiner Karriere. Fieberhaft suchte der Schauspieler nach einem neuen künstlerischen, diesmal auch kommerziellen Filmerfolg. Zu diesem Zweck gründete Wegener trotz grassierender Inflation seine eigene Produktionsgesellschaft. Das Projekt hatte den Titel *Lebende Buddhas*, sollte in einem Phantasie-Tibet spielen und seine Wirkung aus dem Kontrast zwischen der geheimnisvollen Welt buddhistischer Mythen und dem rationalistisch-wissenschaftlichen Geist Europas beziehen. *Lebende Buddhas* wurde zur Jahreswende 1923/24 uraufgeführt. Der Film fand kaum Beachtung und ruinierte Wegeners Firma, die als Signet den berühmten überdimensionalen Pagenkopf des *Golem* führte. Die Übertragung der »Golem-Magie« in die At-

mosphäre asiatischer Mystik, die Umformung des tönernen Prager Riesen in einen mächtigen Buddha scheiterten; die Kritik sparte nicht mit Spott. *Lebende Buddhas* gilt seit Mitte der Zwanzigerjahre als verschollen. Den Erfolg aber, der Wegener nicht beschieden war, erntete der nach Thea von Harbous (1888–1954) Unterhaltungsroman *Das Indische Grabmal* (1917) gedrehte Film, der in zwei Teilen: *Die Sendung des Yoghi* und *Der Tiger von Eschnapur*, im Oktober und November 1921 in Berlin erstmals gezeigt wurde.
Die Vorbereitungsphase von Wegeners Film fiel in die Zeit von Januar bis März 1920. Erste Vorstudien zum *Siddhartha* fertigte Hesse im Dezember 1919 an. Mit der eigentlichen Niederschrift begann er im Februar 1920. Die Drehzeit zu *Lebende Buddhas* fällt also zusammen mit der ersten Phase der Entstehung von *Siddhartha*, die bis zum August 1920 reicht. Als der Film uraufgeführt wurde, war der Roman bereits seit 15 Monaten auf dem Markt.

Elias Canetti

In Elias Canettis (1905–1994) Erinnerungen *Die Fackel im Ohr. Lebensgeschichte 1921–1931* (1980) findet sich ein Kapitel mit der Überschrift *Der Buddhist.* Der darin geschilderte Lebensabschnitt fällt in die Zeit des Sommers 1924, als Canetti sein Anfangssemester in Wien absolvierte. Der Erste, mit dem er die für seine Entwicklung als Schriftsteller so wichtigen Eindrücke diskutierte, war Fredl Waldinger, der, so Canetti, »für einige Jahre zu einem Gesprächspartner wurde, wie man ihn sich besser nicht wünschen kann«. In der Wiener intellektuellen Szene der Nachkriegszeit waren der Philosoph und Psychologe Otto Weininger (1880–1903), Schopenhauer sowie der Schriftsteller und Kritiker Karl Kraus (1874–1936) die maßgeblichen Größen; sie beherrschten auch die Debatten in dem von Rivalitäten geprägten Freundeskreis Canettis. Waldinger aber, so erzählt Canetti, unterschied sich von den anderen: »Zwar waren wir über beinahe alles verschiedener Meinung, aber es kam nie zu Empfindlichkeiten oder Streitereien. Er ließ sich weder überrumpeln noch vergewaltigen, meiner heftigen, von stürmischen Erlebnissen bestimmten Art setzte er ruhigen, heiteren Widerstand entgegen.« Waldinger, so stellt sich heraus, ist Buddhist; »mit ihm«, schreibt

Canetti, »trat der Buddhismus in mein Leben« (Elias Canetti: *Die Fackel im Ohr*, München 1985, S. 75).

Im Hinblick auf den *Siddhartha* ist von unmittelbarem Interesse, dass ein indisches Buch, *Die Lieder der Mönche und Nonnen*, Erwähnung findet, dessen Übertragung ins Deutsche jener Karl Eugen Neumann anfertigte, den Hesse nicht nur einmal als kongenialen Übersetzer gepriesen hat: »Was ich an Neumanns schönen Übertragungen aus dem Pali besonders hochschätze, ist die Andacht und Reinheit des Tones, die ehrfürchtige Bemühung um eine Wiederherstellung des echten indischen Tones in deutscher Sprache. Hierin kommt keine frühere oder spätere Übersetzung denen Neumanns irgend gleich. Der sanfte, feierliche, würdige Tonfall der Reden des Buddha ist in diesen Verdeutschungen wunderbar echt und lebendig geblieben« (Michels 1986, S. 199f.). Neumanns Übersetzung, so Hesse, schenke den »reinen, vollen Geschmack und Genuß der indischen Welt« (ebd., S. 207). Kritiker, die sich über die vielen Wiederholungen und »endlos fließenden Betrachtungen« mokierten, belehrte der Rezensent über den meditativen Zweck der Litaneien, die Neumann in seiner Übersetzung westlichen Leseerwartungen nicht geopfert hatte.

Karl Eugen Neumann

Canetti seinerseits schildert aufschlussreich die unmittelbare Wirkung, welche die von Neumann eingedeutschte Gedankenlyrik mit ihrer fremdartigen Poesie haben konnte, wenn sie von einem inspirierten Jünger der buddhistischen Lehre zum Vortrag gebracht wurde: »Vieles daraus sprach er [Waldinger, H. K.] auswendig vor sich her, in einem rhythmischen Singsang, der durch seine Fremdartigkeit bestach. In dieser Umgebung, wo alles auf intellektuelle Diskussion angelegt war, die sich in Form des Wettbewerbs zwischen je zwei jungen Männern abspielte, wo eine Meinung so lange galt, als sie mit Witz und Schlagkraft vertreten wurde, in dieser Umgebung [...], wo es auf Wendigkeit und Variabilität des *Sprechens* ankam, mußte Fredls Singsang, der sich immer gleichblieb, nie laut und feindselig wurde, aber auch nie sich verlor, wie ein unversieglicher, ein wenig monotoner Brunnen wirken« (Canetti, a. a. O., S. 77). Gestimmtheit und Haltung, in die sich die Person Waldingers zu finden weiß, können sich in dem aufgeheizten Klima der intellektuellen

Auseinandersetzung behaupten. Es ist die Kraft der inspirierten Geste, nicht des Arguments oder der Pointe, die sich hier durchsetzt. Wenn es darum geht, das Bedürfnis zu verstehen, das Hesses *Siddhartha* bediente und dem das Buch seinen Erfolg verdankte, müssen auch die gelungene Haltung und die Attitüde erwähnt werden, in denen sich das Gespür für bestimmte Defizite und Sehnsüchte der Zeit ausdrückte.

III.

Nach dem Ersten Weltkrieg verschwinden nicht nur die alten Bilder und Sicherheiten endgültig, die Kategorie der »Erfahrung« als solche steht auf dem Spiel. In seinem zwischen 1932 und 1936 entstandenen Essay *Der Erzähler* versucht der Literaturkritiker und Schriftsteller Walter Benjamin (1892–1940) den Begriff der »Erfahrung« für die Zeit nach dem Ersten Weltkrieg zu präzisieren. Er tut dies im Zusammenhang einer Theorie der Erzählung, wobei er vom Beispiel des russischen Schriftstellers Nikolai Leskow (1831–1895) ausgeht. Das Vermögen, erzählen zu können, und die Kategorie der »Erfahrung« stehen nach Benjamins Einsicht in engem Zusammenhang. »Erfahrung« verschwinde, so Benjamin, weil die Möglichkeit, sie erzählend weiterzugeben, verloren gehe; die Ursache für den Verlust des erzählerischen Vermögens aber erkennt er im industrialisierten Krieg: »Es ist, als wenn ein Vermögen, das uns unveräußerlich schien, das Gesichertste unter dem Sicheren, von uns genommen würde. Nämlich das Vermögen, Erfahrungen auszutauschen. [...] Mit dem Weltkrieg begann ein Vorgang offenkundig zu werden, der seitdem nicht mehr zum Stillstand gekommen ist. Hatte man nicht bei Kriegsende bemerkt, daß die Leute verstummt aus dem Felde kamen? Nicht reicher – ärmer an mitteilbarer Erfahrung. [...] nie sind Erfahrungen gründlicher Lügen gestraft worden als die strategischen durch den Stellungskrieg, die wirtschaftlichen durch die Inflation, die körperlichen durch die Materialschlacht, die sittlichen durch die Machthaber« (Walter Benjamin: *Gesammelte Schriften*. Bd.II,2. Hg. von Rolf Tiedemann und Hermann Schweppenhäuser. Frankfurt/M. 1980, S. 439).

Walter Benjamin

Kategorie der »Erfahrung«

Dieser Befund ließe erwarten, dass die Möglichkeit des Erzählens für obsolet erklärt wird. Stattdessen taucht in Benjamins Essay ein weiterer Begriff auf, der traditionsträchtig wie kein anderer ist: der Begriff der »Weisheit«. Benjamin geht so weit, »Weisheit« als die »epische Seite der Wahrheit« zu bestimmen. Statt für die Moderne die Unmöglichkeit von »Erfahrung« und damit des Erzählens als gegeben festzustellen, konfrontiert Benjamin seinen Leser mit einer Kategorie, die schon lange vor Verschwinden der »Erfahrung« außer Wert gesetzt schien. Benjamin entlehnt den Begriff nicht dem ästhetischen, sondern dem philosophischen Diskurs, in dem er seit der Antike Tradition besitzt.

Begriff der »Weisheit«

»Weisheit« ist der grundlegende Begriff der Philosophie. Er verbürgt bei den antiken Philosophen die Einheit von Theorie und Praxis. In dieser Einheit wiederum spricht sich das ursprünglich zentrale Anliegen von Philosophie aus, nämlich das »rechte Leben« zu gewährleisten. Bereits bei Aristoteles (384–322 v. Chr.) aber ist die Verbindung von Theorie und Praxis aufgrund der Arbeitsteiligkeit der Gesellschaft nicht mehr gewährleistet. In der Folge richtet die Philosophie ihr Interesse immer mehr auf sich selbst, objektiviert ihr Anliegen und verwissenschaftlicht es schließlich. Es folgt daraus eine gesellschaftlich nicht mehr vermittelte ethische Haltung, die den »Philosophen« zum Inbild der Weltfremdheit hat werden lassen.

Benjamins Rückgriff auf die Kategorie der »Weisheit« ist also fundamental. Er begibt sich aller ästhetischen Kategorien und verpflichtet das Erzählen auf nichts weniger als die uralte philosophische Maxime des »rechten Lebens«. Aus der Schlusspassage des Essays geht dies unmittelbar hervor: »Seine [des Erzählers, H. K.] Begabung ist: sein Leben, seine Würde: sein *ganzes* Leben erzählen zu können. Der Erzähler – das ist der Mann, der den Docht seines Lebens an der sanften Flamme seiner Erzählung sich vollkommen könnte verzehren lassen. Darauf beruht die unvergleichliche Stimmung, die bei Lesskow so gut wie bei Hauff, bei Poe so gut wie bei Stevenson um den Erzähler ist. Der Erzähler ist die Gestalt, in welcher der Gerechte sich selbst begegnet« (ebd., S. 464f.). Der Erzähler beglaubigt sich demnach existentiell.

Die Nähe von Hesses *Siddhartha* zu Benjamins Erzähltheorie tritt klar zu Tage. Auch in Hesses *indischer Dichtung* sind »Weisheit« und »Erfahrung« zentrale Kategorien. Siddhartha wird der Weisheit teilhaftig und durch den Verlust seines Sohnes muss er die Notwendigkeit unbedingter Erfahrung anerkennen. Erfahrung ist nicht lehrbar, lautet die Maxime. Siddharthas zur Weisheit führende Erfahrung kann dementsprechend nur behauptet und poetisch beschworen, nicht explizit formuliert werden. Letztlich bleibt offen, was Siddhartha geschah. Genau dies aber – die Analyse der zeitgenössischen Rezensionen kann es zeigen – wurde am *Siddhartha* goutiert. Dass die Artikulation der eigentlichen Erfahrung in der Schwebe, gleichzeitig aber die Option auf »Weisheit« aufrechterhalten bleibt, traf offenbar ein essentielles Bedürfnis bei den Lesern des *Siddhartha*. Das Entscheidende ist das Versprechen, das aus der eindringlichen Beschwörung von »Erlebnis«, »Erfahrung« und »Weisheit« hervorgeht. In der Krisenzeit nach dem Krieg war an »Erfahrung« und »Weisheit« nicht anders als durch emphatische Evokation festzuhalten.

IV.

Der Anspruch auf »richtiges«, »gelingendes« Leben, wie er sich auch im *Siddhartha* spiegelt, offenbart noch einen anderen wichtigen Aspekt, wenn man ihn im Zusammenhang mit der Entstehungsgeschichte der *indischen Dichtung* betrachtet. Als Hesse 1920 von einer Schreibkrise heimgesucht wurde und den *Siddhartha* beiseite legen musste, fehlte ihm nach eigener Darstellung das »Erlebnis« dessen, was er im weiteren Verlauf zu schildern gedachte. Die Maxime existentieller Einlösung der Erfahrung als Voraussetzung ihrer Gestaltung führte zur völligen Blockade. Schließlich kam es zu einer bezeichnenden Ersetzung des »Erlebnisses«, das sich nicht einstellen wollte: Hesse begriff »Erfahrung« im Sinne der Psychoanalyse. Er ersetzte das »Erlebnis« durch die »Erfahrung« einer Kur bei dem Psychoanalytiker Carl Gustav Jung (1857–1961). Verallgemeinernd kann man feststellen, dass Hesse in der Krise gesellschaftlicher Erfahrung

Hesses Schreibkrise

die verschwundene »Weisheit« durch psychoanalytische Therapie und Introspektion substituierte. Oder auf Benjamins Erzähltheorie bezogen: Das nicht mehr gelingende auf »Erfahrung« basierende Erzählen wurde abgelöst durch die »Gesprächstherapie«.

Auf die Zeit der ausgehenden Sechziger- und Siebzigerjahre bezogen, in denen der *Siddhartha* ein neues begeistertes Publikum fand, ergibt sich eine überraschende Übereinstimmung. Gerade in den Siebzigern wurde der Begriff der »Erfahrung« emphatisch aufgeladen und auch hier war es konkret die Psychoanalyse, über welche diese Erfahrung eingebracht werden sollte. Die sogenannte »Therapiekultur« datiert von diesen Jahren an. Psychologie wurde zum Modefach. Parallel dazu hatte Bekenntnisliteratur, die sich vornehmlich der analytisch inspirierten Aufarbeitung von Vater- und Mutterbeziehungen widmete, Hochkonjunktur. Unter der Maxime der »Erfahrung« konvergierten psychoanalytischer und literarischer Diskurs fast bis zur Ununterscheidbarkeit.

Zuspitzend läßt sich sagen: Das inständige Verlangen nach (»Weisheit« gewährender) »Erfahrung«, wie es die Zeit nach dem Ersten Weltkrieg kennzeichnet, hat die Tendenz, das verloren gegangene erzählerische Vermögen im therapeutischen Gespräch wiederzuerlangen oder wenigstens zu ersetzen. Dies wiederholt sich in den Sechziger- und Siebzigerjahren und führt zu einer Popularisierung der »Erfahrung« als »Selbsterfahrung«. Wieder wird der Vorgang von einer verstärkten Hesse-Rezeption begleitet, wieder avanciert der *Siddhartha* zur Projektionsfigur gelingender Selbst- und Welterfahrung. Inzwischen jedoch ist der »Selbsterfahrung« jede emphatische Aspiration verloren gegangen. Im selben Maße, in dem die psychologische und psychoanalytische Intervention institutionalisiert wurde, hat die analytische Selbsterfahrung an Verheißung eingebüßt. In der Literatur gilt die Ersetzung des Erzählens durch Analyse und Introspektion inzwischen als Zeichen schriftstellerischen Unvermögens. Die Kategorie der bedingungslosen »Erfahrung«, wie sie die Kernbotschaft des *Siddhartha* darstellt, ist allerdings nicht verschwunden. Aber auch sie ist nicht mehr emphatisch besetzt, gibt vielmehr nur noch einer aggressiv getönten Skepsis Ausdruck.

Entstehungs- und Textgeschichte

Neuanfang

Mitte April 1919 endet Hermann Hesses Tätigkeit für die »Deutsche Kriegsgefangenenfürsorge«. Als er sich unmittelbar darauf ins Tessin begibt, bedeutet dies den endgültigen Bruch mit seinem bisherigen Leben. Er trennt sich von seiner Frau Maria geb. Bernoulli (1868–1963) und bringt seine drei Söhne Bruno, Heiner und Martin bei befreundeten Familien unter. Für einige Zeit quartiert sich Hesse in Minusio bei Locarno ein, dann in Sorengo. Mitte Mai bezieht er in Montagnola über Lugano vier möblierte Zimmer in einem neobarocken Palazzo, der den Namen Casa Camuzzi trägt. Zwölf Jahre – bis zum August 1931 – wird Hesse an diesem Ort bleiben. Nachträglich bezeichnete er das Jahr 1919 als das glücklichste seines Lebens.

Pseudonym Emil Sinclair

Im Juni erscheint unter dem Pseudonym Emil Sinclair und in einer Auflage von 3000 Exemplaren Hesses Roman *Demian*, den er bereits im Herbst 1917 verfasst hatte. Der unbekannte Sinclair gilt als ein vielversprechender Schriftsteller: Die Verwandlung braucht nun nicht mehr beschworen zu werden, sie scheint vollzogen.

Der erste Sommer in Montagnola beschert Hesse eine beispiellos produktive Phase. Er schreibt die Erzählung *Klein und Wagner*, unmittelbar darauf entsteht in direkter Reaktion auf die landschaftlichen und klimatischen Sensationen *Klingsors letzter Sommer*. Im Oktober tritt Hesse als Mitherausgeber der Zeitschrift *Vivos voco* auf, einer Publikation, die sich programmatisch der Lösung der durch den Krieg verursachten sozialen Probleme verpflichtet weiß.

Krise

Die Romane und Erzählungen, die Hesse vor dem *Siddhartha* geschrieben hatte, waren ihm leicht von der Hand gegangen. *Demian*, so teilt er dem Dichter und Kulturkritiker Hugo Ball

(1886–1927) mit, sei »in wenigen brennenden Monaten« niedergeschrieben worden (Hugo Ball: *Hermann Hesse*, Frankfurt/M. 1956, S. 142). Während der *indischen Dichtung* aber kommt der Schaffensprozess abrupt zum Erliegen. Im Februar 1920 hatte Hesse mit der Niederschrift begonnen, nach sechs Monaten sieht er sich außer Stande mit ihr fortzufahren. Eineinhalb Jahre lang steht die Fertigstellung des Manuskripts völlig infrage, obwohl die bis zu diesem Zeitpunkt entstandenen Kapitel bereits publiziert werden: Anfang August 1920 erscheint der Vorabdruck des Anfangs unter dem Titel *Bei den Asketen* in der *Neuen Zürcher Zeitung*. Die Zeitschrift *Genius*, die von dem Verleger Kurt Wolff (1887–1963) herausgegeben wird, publiziert im September Ausschnitte, die *Siddharthas Weltleben. Drei Kapitel aus einer unvollendeten Dichtung* überschrieben sind. Mitte Mai 1921 veröffentlichen die *Basler Nachrichten* das Kapitel *Gotama* und im Juli 1921, als die Krise bereits über ein Jahr lang anhält, präsentiert die Zeitschrift *Neue Rundschau* den späteren ersten Teil der Dichtung.

Vorabdrucke des *Siddhartha*

Es sind eine Reihe von Erklärungen für Hesses Schreibblockade, sowohl von ihm selbst als auch von seinen Interpreten, vorgebracht worden. So notiert der Dichter in dem Tagebuch, das er im August des Krisenjahres 1920 beginnt: »Seit vielen Monaten liegt mein indischer Roman, mein Falke, meine Sonnenblume, mein Held Siddhartha da. Bei einem mißglückten Kapitel abgebrochen – ich kann mich des Tages noch so wohl entsinnen, wo ich sah, daß es nicht weiterging, daß ich warten mußte, daß etwas Neues dazu kommen müsse! Er begann so schön, er gedieh so geradlinig, und plötzlich war es aus! [. . .] In meiner indischen Dichtung war es glänzend gegangen, solange ich dichtete, was ich erlebt hatte: die Stimmung des jungen Brahmanen, der die Weisheit sucht, sich plagt und kasteit. Als ich mit dem Siddhartha, dem Dulder und Asketen, zu Ende war und Siddhartha, den Sieger, den Jasager, den Bezwinger dichten wollte, da ging es nicht mehr« (Michels 1986, S. 10).

Das Fehlen des authentischen Erlebnisses löst gemäß der Selbstaussage die Blockade aus. Hesse sieht sich nicht im Stande, die Erfahrung seines Helden zu fingieren, dessen Entwicklung damit an die seines Erfinders gebunden bleibt. Das »Erlebnis« als Grundbedingung der Schöpfung verschafft in der Tat den Zugang zu den komplexen Ursachen von Hesses Schreibkrise: Ab einem bestimmten Zeitpunkt meint Hesse nicht mehr irgendein konkretes Erlebnis, sondern die Erfahrung einer psychoanalytischen Kur. In einem Brief vom Mai 1921 heißt es dazu: »Psychoanalyse ist nicht ein Glaube oder eine Philosophie, sondern ein Erlebnis. Dies Erlebnis bis auf den Grund auszukosten und im Leben die Folgen daraus zu ziehen, ist das einzige, was eine Analyse wertvoll macht. Andernfalls bleibt sie eine hübsche Spielerei« (ebd., S. 136). Im Mai 1921 befand sich Hesse bereits in psychoanalytischer Behandlung. Im Februar, also genau ein Jahr nach dem Beginn der Niederschrift des *Siddhartha* und ein halbes Jahr nach dem Ausbruch der Krise, war Hesse erstmals in Küsnacht bei C. G. Jung gewesen. Im Mai und Juli konsultierte er Jung erneut, den er durch die Mitteilung von Träumen überzeugen konnte, dass sein Fall dringlich sei.

Psychoanalyse als »Erlebnis«

Als Ergebnis der Analyse bei Jung, soweit sie Niederschlag gefunden hat in seinen diarischen Aufzeichnungen, nennt Hesse die Erfahrung des »Chaos«. Im Tagebuch hält er fest: »Ich verlange von mir Zurückgehen hinter die Gegensatzpaare, Annehmen des Chaos. Dies ist dasselbe, was die Psychoanalyse verlangt, woher ich es ja zum Teil auch habe: Wir sollen, wenigstens für ein einziges Mal, alle Werturteile weglassen und uns selber ansehen, so wie wir sind, oder wie die Äußerungen des Unbewußten uns zeigen, ohne Moral, ohne Edelmut und all den schönen Schein, in unsren nackten Trieben und Wünschen, unsern Ängsten und Beschwerden. Und erst von da aus, von diesem Nullpunkt aus sollen wir wieder versuchen, fürs praktische Leben Werttafeln aufzustellen, Ja und Nein, Gut und Böse zu trennen, Gebote und Verbote aufzustellen« (ebd. S. 25).

Psychoanalyse und Buddhismus

Die Infragestellung der moralischen Person und die Konfrontation mit der Widersprüchlichkeit und Indifferenz des Unbewussten haben Auswirkungen auf Hesses Herangehensweise an die buddhistische Literatur. In der Auseinandersetzung mit dem »Indertum« wird das Interesse an den geistigen Gehalten von dem an den seelischen und religiösen abgelöst; die intellektuelle macht einer emotionalen Durchdringung Platz: »Meine Beschäftigung mit Indien, die nun schon bald zwanzig Jahre alt ist, scheint mir nun an einem neuen Entwicklungspunkt angelangt zu sein. Bisher galt mein Lesen, Suchen und Mitfühlen fast ausschließlich dem philosophischen, dem rein geistigen, dem vedantischen und buddhistischen Indertum, die Upanischaden und die Reden Buddhas standen im Mittelpunkt dieser Welt. Erst jetzt nähere ich mich mehr dem eigentlich religiösen Indien der Götter, des Vishnu und Indra, Brahma, Krishna etc. etc.« (ebd., S. 15f.). Dabei setzt Hesse die brahmanische und mythologisch bestimmte Tradition Indiens und ihre buddhistische Klärung und Vergeistigung mit dem Verhältnis von Katholizismus und Reformation gleich.

Die psychoanalytische Erfahrung des »Chaos« wiederholt sich in der Versinnlichung der religiösen Erfahrung. Therapeutische Regression und mythologische Spekulation gehen ineinander über: Der Regression auf der Ebene des Unbewussten und der Triebregungen entspricht der Rückschritt zu den vorbuddhistischen Lehren und Mythen. Dabei können die archaischen Bildwelten der individuellen tiefenanalytischen Erfahrung zur Darstellung verhelfen – so will es zumindest C. G. Jungs Lehre von den »Archetypen« und dem »kollektiven Unbewussten«, die annimmt, dass sich im Seelenleben jedes einzelnen Menschen ein Bestand zeitloser und allgemeiner Symbole und Bilder findet.

Das in der Analyse »erlebte Chaos« spiegelt sich in der vielfältigen Verzweigung des Schreibens. Es scheint fast so, als wollte Hesse eine völlige Deckungsgleichheit von Leben und Aufzeichnung erreichen: »Ach, zehn und mehr Tagebücher sollte ich führen. Drei, vier habe ich schon begonnen. Eines heißt ›Tagebuch eines Wüstlings‹, eines ›Urwald der Kindheit‹, eines ›Traumbuch‹. Dazu müßte ein Malertagebuch kommen, ein Musiktagebuch, eines über den alten Kampf zwischen Lebenstrieb und Todessehnsucht, Tagebuch des Selbstmörders, vielleicht auch ein Tagebuch der Besinnungen, des Suchens nach Maßstäben:

Anwendung des persönlich Gedachten auf Allgemeines, auf Natur, auf Politik, auf Geschichte. Und dann noch drei oder vier andre Bücher müßte ich führen können, um eine Weile den Versuch der Polyphonie und Bipolarität zu machen, um die Rundheit und Allseitigkeit der Seele irgendwie zu dokumentieren. Es geht nicht, schon das Kleinste ist zuviel, schon das Simpelste zu kompliziert, die Hand müßte zwanzig Finger und der Tag hundert Stunden haben. O indische Götter mit zehn und zwanzig Armen! Wie wahr seid ihr!« (ebd., S. 11f.)

Das Leben erscheint hier als Objekt umfangreicher Verschriftlichungsvorhaben. Die Totalitätserfahrung der Psychoanalyse setzt sich auf der Ebene des Schreibens in das Bedürfnis nach Dokumentation des eigenen Seelenlebens um. Aber die »Rundheit und Allseitigkeit der Seele« sind nicht zu fassen in dem »dünnen Faden, der dünnen Melodie des Werks«, auf welche der Autor sie reduzieren muss. Es ist deutlich: Aus der psychoanalytischen Kur wird ein fundamentales poetologisches Exerzitium.

Aufgedecktes Pseudonym

Aufdeckung des Pseudonyms

Neben den Begründungen, die Hesse selbst für seine Lebens- und Schreibkrise vom Sommer 1920 bis zum Frühling 1922 gegeben hat, sowie den Erklärungen, die sich daraus ableiten lassen, sollte der Hinweis auf eine zeitliche Koinzidenz nicht fehlen, die bis dato in den Darstellungen und Deutungen zum *Siddhartha* nicht bedacht worden ist. Das Aussetzen des Schreibantriebs fällt nämlich zeitlich zusammen mit der Aufdeckung des Pseudonyms, welches Hesse für eine Autorschaft anlässlich des Romans *Demian* angenommen hatte. Hesse firmierte bekanntlich in dem Juni 1919 erschienenen Roman *Demian* unter dem Namen Emil Sinclair. Der Roman wurde ein Erfolg und erreichte bald den Status eines Kultbuchs, sahen doch viele aus der jungen Generation der Kriegsteilnehmer ihre Erfahrungen und Hoffnungen darin artikuliert. Sinclair erhielt Ende Oktober desselben Jahres den Fontane-Preis, den Hesse nach seiner Enttarnung wieder zurückgab; nur ein Jahr hatte er das Geheimnis um *Emil Sinclair* wahren können. Unmittelbarer Anstoß zur Identifizierung Sinclairs war ein Artikel des Feuilletonchefs der *Neuen Zürcher Zeitung*, Eduard Korrodi, der, nachdem er bereits am 24. Juni 1920 auf Ähnlichkeiten von Inhalt und Stil zwischen Erzählungen Hesses und dem *Demian* hingewiesen hatte, am 4. Juli einen Hinweis des Schriftstellers Otto Flake (1880–1963) aufnahm; Korrodi zitierte Flake: »Von zwei ehemals ruhigen Schilderern gegebener Bürgerlichkeit ist Thomas Mann noch ruhiger und bürgerlicher geworden, Hermann Hesse zur Intensität und dem Opfer des Bürgerlichen gekommen. Man lese unter diesem Gesichtspunkt den Roman *Demian*, und man wird vielleicht die Antwort auf die Frage finden, wer Emil Sinclair sei.« Korrodi hielt sich seinerseits bedeckt: Zwar stimme »der gemeinsame Ideenraum [von Hesse und Sinclair] nachdenklich«, aber, so fuhr er fort, »dies alles berechtigt doch noch lange nicht zu der kecken Entäußerung einer Vermutung, die den Autor des *Demian* geradezu um seinen guten rasch erworbenen Namen brächte«. Unvorstellbar sei es, dass sich Hesse hinter einem Pseudonym verkrochen habe, »um die Kurve des Erfolgs krämerhaft abzuwarten« (Ed[uard] Korrodi: *Neue Zürcher Zeitung* Nr. 1112 v. 4.7.1920, in: Hsia 1975, S. 174ff.).

Ein anderes Motiv allerdings schien Korrodi gewichtig genug, dass er es vielsagend am Schluss seines Aufsatzes plazierte: »Viel eher gäbe man sich einen neuen Namen, wenn man das eigene Leben deutlich in zwei Hälften gespalten sähe, mit einem neuen Schöpfungstage beginnen wollte.«

Korrodis Artikel erschien am 4. Juli 1920. Noch im Juli musste Hesse die Niederschrift des *Siddhartha* abbrechen; er wurde krank und hegte, wie das Tagebuch offenbart, Selbstmordgedanken. Die These ist nicht zu beweisen, kann jedoch einige Plausibilität beanspruchen, dass Sinclairs Identität für Hesse zu einem Alter Ego geworden war, das die Qualität einer geglückten totalen Verwandlung der eigenen Existenz repräsentierte. Dieses geheime Ich, so lässt sich folgern, verbürgte Hesse die Unabhängigkeit von den Festlegungen durch seine früheren Werke und die Option auf weitere Metamorphosen. Der *Siddhartha* ist von der Hesse-Forschung als Fortsetzung und Seitenstück zum *Demian* bezeichnet worden. Sie kann sich dabei auf den Autor selbst berufen, der beispielsweise in einem Brief vom

Bedeutung des Alter Ego

Februar 1923 festgestellt har, er sehe die beiden Bücher, *Demian* und *Siddhartha*, als »Stücke desselben Weges« (Michels 1986, S. 187). Es wäre also möglich, dass Sinclair auch als Autor der *indischen Dichtung* auftreten und die Linie des *Demian* für sein Publikum fortsetzen sollte. Der Einwand, Hesse sei bereits einer Reihe von Freunden als Autor einer in Arbeit befindlichen »indischen« Erzählung bekannt gewesen, verfängt insofern nicht, als er von einigen Personen auch als Urheber des *Demian* geheim gehalten wurde (so von seinem Psychoanalytiker Joseph Bernhard Lang).

Wenige Tage nach dem 4. Juli 1920 wusste Hesse, dass er das Pseudonym nicht beibehalten konnte; eine Entwicklung, die mit Sicherheit Auswirkungen hatte, wenn Hesse bis zu diesem Zeitpunkt den *Siddhartha* unter der Suggestion seines geheimen anderen Ichs hervorgebracht haben sollte. In manchen Mythen und Märchen bedeutet es den Tod, wenn der geheime Name eines Wesens entdeckt wird.

Die Maxime eigener Erfahrung

Überwindung der Schreibkrise

Hesse brach den Text mit dem Kapitel *Am Flusse* ab. Der Verlust des Alter Ego und das Fehlen des authentischen »Erlebnisses« können als Ursachen für den Abbruch der Niederschrift des *Siddhartha* benannt werden. Ende März 1922 jedoch kann er den Text fortsetzen und ihn bereits am 7. Mai abschließen. Wodurch die Hemmung aktuell gelöst wurde, ist unbekannt. Hesse teilt darüber nichts mit. Auch muss der Eindruck vermieden werden, dass der Autor in der fraglichen Zeit unter einer allgemeinen Störung seiner Produktivität gelitten habe. Nur die *indische Dichtung* entwickelte sich nicht fort, ansonsten entstand eine Reihe von Schriften, darunter die Gedichte *Krankheit* und *Media in vita*, die Betrachtungen *Haßbriefe* und *Tessiner Sommerabend*, die *Vorrede eines Dichters zu seinen ausgewählten Schriften*, Rezensionen (etwa zu K. E. Neumanns Übertragung von *Die Reden Buddhas*) sowie der Anfang des *Kurzgefaßten Lebenslaufs*. Daneben hält er Lesungen und Vorträge ab, auch präsentiert er seine Aquarelle in Ausstellungen. Die Hemmung betrifft also allein den *Siddhartha*, der unterhalb der ansonsten regen Produktivität einer kaum beeinflussbaren eigengesetzlichen Dynamik gehorcht. Folgt man der Logik, die Hesse selbst der Erarbeitung seiner *indischen Dichtung* unterlegt hat, dann wurde ihm durch die analytische Kur bei Jung das »Erlebnis« zuteil, das nötig war, um den zweiten Teil fertig zu stellen. Die Frage drängt sich auf: Ist diese Erfahrung aus dem Text zu rekonstruieren? Antwort: Sie ist nicht als konkretes Geschehen zu fassen, sondern erscheint in Form einer allgemeinen Maxime. Nicht die Erfahrung wird benannt, stattdessen die unbedingte Notwendigkeit eigener Erfahrung verkündet.

Biographische Elemente im *Siddhartha*

Der entscheidende Augenblick im ersten Teil des Buches ist die Weigerung Siddharthas, Buddha zu folgen. Siddhartha stellt die eigene Erfahrung und den eigenen Weg über die Lehre. Er lehnt Ergebung und Gefolgschaft ab. Dadurch ist er auf sich selbst zurückgeworfen; nur die Radikalität der Selbstbehauptung macht es möglich, dass seine Entscheidung angesichts des Erleuchteten und Vollendeten überhaupt bestehen kann. Bei allem Verständnis, das Lehrer und Eleve in der entscheidenden Episode der Erzählung füreinander aufbringen, ist Siddharthas Ausscheren aus der Gefolgschaft des Buddha dem Muster der Rebellion gegen die Autorität verpflichtet, das in Hesses Biographie und seinem ganzen Werk eine herausragende Rolle spielt. In Siddharthas die »Vollendung« ermöglichende Erfahrung spielt also Hesses biographischer Konflikt hinein. Der einzige ungehemmte Affekt, der die beschwörende Gemessenheit, von der die Prosa im *Siddhartha* beherrscht wird, kurz durchschlägt, überfällt den Sohn des Helden, wenn er die Lebensform, zu der ihn der Vater veranlassen will, mit den Worten bedenkt: »Du willst, daß ich werden soll wie du, auch so fromm, auch so sanft, auch so weise! Ich aber, höre, ich will, dir zu Leide, lieber ein Straßenräuber und Mörder werden und zur Hölle fahren, als so werden wie du!« (S. 106) Siddhartha gelangt erst dann zur »Vollendung«, als er diese schwere Kränkung und Niederlage akzeptiert. Mit der bedingungslosen Anerkennung der Notwendigkeit eigener Erfahrung aber, die Siddhartha als letzte und entscheidende Prüfung zugemutet wird, erhebt Hesse seine eigene Schreiberfahrung – »Ich kann nicht darüber schreiben, ohne daß ich es erlebt habe!« – in den Rang einer allgemeinen Maxime: Es gibt kein erfülltes Leben ohne eigene Erfahrung! Eine konkrete »Erfahrung« brauchte damit nicht mehr geschildert zu werden, Hesse trug ihr stattdessen »dramaturgisch« und »systematisch« Rechnung.

Das Manuskript

Das Manuskript befindet sich im Deutschen Literaturarchiv in Marbach am Neckar. Es umfasst insgesamt 107 Seiten, 79 (21,5×27 cm) davon durchlaufend, die letzten sechs Seiten (22,9×32,9 cm) separat paginiert; der Rest besteht aus eingelegten Blättern, auf denen sich Korrekturen und Einfügungen befinden. Teilweise handelt es sich dabei um die Rückseiten von Kunstdrucken und Kalenderblättern, ein Beleg für Hesses typischen, der Not geschuldeten ökonomischen Umgang mit Papiermaterialien. Der Text ist mit der Hand, nur die sechs Seiten des Schlusskapitels sind in Maschinenschrift verfasst. Hesse benutzte dafür eine Schreibmaschine vom Typ *Smith Premier No.* 4, die in den USA hergestellt wurde und zu jener Zeit die meistgekaufte Maschine war; er hatte sie 1908 erworben und nach eigener Aussage innerhalb von Stunden darauf zu schreiben gelernt.

Zum Wechsel von Hand- zu Maschinenschrift anlässlich des Schlusskapitels von *Siddhartha* bemerkt Hesse in einem dem Manuskript beiliegenden Brief an Hans Conrad Bodmer (1891–1956) vom 23. September 1922: »Die letzten zweieinhalb Jahre war ich mit dem ›Siddhartha‹ beschäftigt, meinem ernstesten und konzentriertesten Buch. Es wurde im Mai dieses Jahres fertig, und es soll nächstens im Druck erscheinen.

Die Handschrift dieses Werkes lege ich Ihnen bei mit der Bitte, sie in Ihre Sammlung von Urhandschriften aufzunehmen. Die paar letzten Seiten des Manuscripts, in Maschinenschrift, sind nicht etwa Kopie, sondern ebenfalls Urschrift, ich hatte am Tag jener Niederschrift keine Tinte im Haus und schrieb diese paar Seiten darum mit der Maschine.«

Denkbar wäre aber auch, dass Hesse für den Abschluss des

Werks, das sich lange nicht von ihm hatte lösen wollen, bewusst die objektivere Form der Verschriftlichung suchte und sich im letzten Kapitel den Text durch die mechanische Typisierung selbst »aus der Hand genommen hat«.

Wirkung

Die Wirkungsgeschichte des fertig gestellten Textes beginnt am 21. August 1922. An diesem Tag liest Hesse in Lugano anlässlich eines Friedenskongresses der Internationalen Frauenliga, auf dem auch die Schriftsteller Georges Duhamel (1884–1966), Frederik Willem van Eeden (1860–1932), Harry Graf Kessler (1868–1937), Romain Rolland (1866–1944) und Bertrand Russell (1872–1970) anwesend sind, den Schluss von *Siddhartha* vor. Von einer unmittelbaren Folge der Lesung berichtet er in einem Brief vom September an Walter Über-Wasser: »Eine hübsche Bestätigung erfuhr ich dieser Tage. Zu einem internationalen Kongreß genötigt, der in Lugano war, las ich dort das Schlußkapitel des Siddhartha vor. Tags darauf erschien bei mir fein und mit braungoldenem Lächeln ein gelehrter Hindu, ein Professor aus Calcutta [Kalidas Nag], der hatte sich alles übersetzen lassen. Nun kam er freudestrahlend und sagte mir, es sei ihm ein erstaunliches und rührendes Erlebnis, wider sein Erwarten einen Abendländer zu finden, dem das östliche Denken nicht bloß ein Gegenstand intellektueller Neugierde sei, sondern der in dies Denken wirklich eingegangen sei und produktiv darin lebe und atme. Ich konnte ihm sagen, daß es noch einige solcher Abendländer gibt und gab, und er erzählte mir von Krishna und ich ihm von Goethe, und er sang mir alte indische Lieder, und ich zeigte ihm Aquarelle, und seither war er mehrmals bei mir und ist mein Freund geworden« (Michels 1986, S. 178).

Die Buchausgabe des *Siddhartha* erschien im Oktober 1922 im S. Fischer Verlag in einer Auflage von 6050 Exemplaren. 1931 wird *Siddhartha* zusammen mit den Erzählungen *Kinderseele*, *Klein und Wagner* und *Klingsors letzter Sommer* in dem Sammelband *Weg nach innen*, einer preiswerten und auflagenstarken Sonderausgabe, publiziert.

1935 erfolgte die politisch erzwungene Teilung des S. Fischer Verlags in einen reichsdeutschen (von Peter Suhrkamp geleiteten) Teil und den Emigrationsverlag von Gottfried Bermann Fischer, dem die NS-Behörden untersagten, die Verlagsrechte am Werk von Hermann Hesse mit ins Ausland zu nehmen. Zwischen 1939 und 1945 galten Hesses Bücher in Deutschland als unerwünscht; der Nachdruck vergriffener Titel wurde verboten. Die *Gesammelten Werke in Einzelausgaben*, die von S. Fischer begonnen worden waren, mussten deshalb in dem Schweizer Verlag Fretz & Wasmuth fortgesetzt werden. Ab 1946 konnten Hesses Bücher wieder in Deutschland erscheinen; zunächst im Suhrkamp Verlag vorm. S. Fischer, ab 1951 im Suhrkamp Verlag, für dessen Gründung Hesse sich nachhaltig engagierte.

Siddhartha gehört inzwischen zu den meistgelesenen Texten dieses Jahrhunderts: Der Roman wurde bisher in 39 Sprachen übersetzt, einschließlich der Übertragungen in 13 indische Dialekte. Die Weltauflage hat mittlerweile zweistellige Millionenziffern erreicht, allein in den USA erzielte das Buch seit 1951 eine Auflage von mehr als fünf Millionen Exemplaren. 1972 wurde *Siddhartha* von dem Regisseur Conrad Rooks verfilmt.

Rezensionen

Eduard Korrodi

Der Tenor der zeitgenössischen Pressebesprechungen zu *Siddhartha* ist äußerst positiv; man kann ihn sogar dann als hymnisch bezeichnen, wenn man das zeittypische Pathos der Kritiker in Rechnung stellt. Den Anfang machte Eduard Korrodi am 26. November 1922 in der *Neuen Zürcher Zeitung*; Korrodi schreibt, man verweile über dem Buch »mit beglückter Stirne, denn man weiß, daß auf diesen Seiten der Geist wieder sich sammeln wird«. Der »Rahmen des Buches« weite sich »unmerklich ins Zeitlose« (Hsia 1975, S. 228f.). Und Kurt Münzer urteilt 1923 in *Das Literarische Echo*: Das letzte Drittel der *indischen Dichtung*, »diese fünfzig Seiten sind fast das Schönste, Tiefste und Reinste, was Hermann Hesse uns je geschenkt hat«. Seine früheren Bücher seien, so der Rezensent, menschlicher und erzählerischer gewesen, der *Siddhartha* aber sei »ganz Dichtung«. Die Eloge steigert sich bei Münzer bis zur Apotheose des Autors: »Nun ist es mir als sähe ich ihn auf seinem Berge über dem Luganer See thronen. Aber nicht wie einen Olympier! Nein, nur – oder mehr! – wie einen vollendeten Menschen!« (ebd., S. 230ff.).

Kurt Münzer

Die Bedingung solcher »Vollendung« von Dichtung und Autor, auch darin sind sich die Rezensenten einig, ist die Ausblendung jedes realistischen und konkreten Geschehens und aller sinnlichen Kontingenz. In keinem Fall wird dies als negativ beurteilt, sondern durchgehend als ein kalkuliertes, für das Zustandekommen der Botschaft des Buches notwendiges Defizit beschrieben. Nicht »sinnlich, sondern betrachtsam« verfahre Hesse im *Siddhartha*, schreibt Otto Doderer am 12. März 1923 in der *Frankfurt Zeitung* (Michels 1976, S. 52). Es handle sich um eine »philosophische Konfession«, meint Otto Zarek im April 1923 in der *Neuen Rundschau* (ebd., S. 33). Und in *Der kleine Bund* heißt es entsprechend, der Schwerpunkt der Dichtung liege »mehr auf der Seite des Philosophischen als des Künstlerischen«. Als spürte der Rezensent, dass an dieser Stelle die ästhetische Kritik einzusetzen habe, empfiehlt er sich und dem Leser kurz und knapp: »Man hat sich mit dieser Entwicklung von Hesses Kunst abzufinden.«

Otto Doderer

Otto Zarek

Ebenso apodiktisch verfährt Zarek, der den Überhang rein »weltanschaulicher« Thematik im *Siddhartha* deutlich wie kein anderer anspricht: Er weigere sich »über das nicht unbedeutende Problem« zu diskutieren, so Zarek, »wie es um eine Dichtung steht, deren weltanschauliche Perspektive nicht erst indirekt aus dem Verhalten der Gestalten abzuleiten, sondern gleich aus den Geschehnissen abzulesen ist, die also Weltanschauung zum Gegenstande macht und jeden Einzelvorgang zur Abstraktion dieses besonderen Stofflichen erfindet« (Michels 1976, S. 33). Prägnanter lässt sich die ästhetische Problematik des *Siddhartha* kaum formulieren, Zarek jedoch begnügt sich mit dem bloßen Hinweis.

»Gedanken-dichtung«

Die Bereitwilligkeit, mit der die Kritik Hesse eine Konzession für »Gedankendichtung« erteilt und ihm nachsieht, dass das spezifisch Erzählerische fehlt, lässt vermuten, dass ebendieser Umstand einem Bedürfnis der Kritiker selbst entspricht. Worin dieses Bedürfnis besteht, ist aus den Begriffen zu erschließen, die in frappierender Übereinstimmung in den verschiedenen Rezensionen auftauchen. Es handelt sich um die Begriffe »Weisheit«, »Erfahrung« und »Erlebnis«. Das »Erlebnis« gehört in das Register des lebensphilosophischen Diskurses, wie er v. a. vor dem Ersten Weltkrieg für die Publizistik prägend war und auch die Dichtungstheorien beeinflusste. Zur »Weisheit« zu gelangen ist ausgewiesenes Ziel des Helden der Dichtung, der Begriff der »Erfahrung« meint die Summe der spirituellen, emotionalen und intellektuellen Einsichten, die als Ertrag seines Lebens anfällt. Direkt oder indirekt lassen sich die Begriffe auf Hesses Dichtung beziehen, sie haben jedoch auch Konjunktur im zeitgenössischen Diskurs.

Walter Benjamins bereits referierte These von der Nichtmitteilbarkeit von »Erfahrung« in der Zeit nach dem Ersten Weltkrieg verschafft einen Zugang zum argumentativen Schema der Rezensionen, die zu *Siddhartha* erschienen. Die Begriffe »Weisheit« und »Erfahrung«, die der Text selbst nahe legt, werden emphatisch aufgeladen und verselbstständigen sich zu appellativen Leerformeln. Die historische Situation forciert wie keine andere die Notwendigkeit der Mitteilung; sie blockiert aber gleichzeitig in beispielloser Weise die Weitergabe und das Entstehen von Erfahrung. Bekenntnis, apodiktische Feststellung hymnische Beipflichtung stellen dementsprechend die Schwundformen eines Sprechens über »Erfahrung« und »Weisheit« dar, für das diese Kategorien von vitalem Interesse und dabei gänzlich unzugänglich sind. Es leuchtet ein, dass unter solchen Bedingungen der Mangel an erzählerischen Anteilen in Hesses Dichtung nicht kritisiert, sondern begrüßt wird, kann sich doch gerade darin jener bedrängende Zustand zwischen Mitteilungszwang und Mitteilungsnot spiegeln. Das Konkrete wird nicht vermisst, weil es nur unzureichend der Intensität der Erfahrung entspräche; das Abstrakte wird begrüßt, weil damit an der prinzipiellen Möglichkeit des Erwerbs und der Weitergabe von »Erfahrung« und »Weisheit« festgehalten werden kann. Es lässt sich auf seine Rezensenten bezogen folgern: Hesse bot mit der *indischen Dichtung* genau in dem historischen Augenblick ein Versprechen im Hinblick auf »Erfahrung« und »Weisheit«, als diese von Erzählung und Erzählbarkeit abhängigen Kategorien aus dem gesellschaftlichen Zusammenhang vollends zu verschwinden drohten. Dass dem Dichter Hesse »alles äußere Geschehen«

Karl Strecker

»Nebensache« ist, wie Karl Strecker 1924 in *Velhagens und Klasings Monatsheften* schreibt, wird dabei gerne hingenommen, weil es mit einem Bedürfnis des Kritikers übereinkommt und Vorbedingung einer emphatisch-libertinären Lebens-»Formel« werden kann: »Sei du. Lebe so wie du mußt, magst du auch oft dich wandeln und ein anderes Gewand tragen, lebe dein notwendiges eigenes Leben, und umfasse es zuletzt mit dem leisen, sanften Lächeln des Siddhartha, das der Dichter selber als Gewinn aus seiner tiefen Weltbetrachtung gezogen zu haben scheint, das Lächeln des Vollendeten«.

Die Vernachlässigung von »äußerem Geschehen« und Welthaltigkeit richtet sich zuletzt gegen die narrative Form als solche.

Otto Zarek

Beispielhaft für diese Dynamik in den Besprechungen ist Otto Zareks Rezension, die diesbezüglich ein wichtiges literaturgeschichtliches Dokument darstellt. Seine Überlegungen lassen sich von Hesses erzählerischer Abstinenz zu einer vehementen Attacke gegen jede Form überhaupt inspirieren. Unter Berufung auf den Literarhistoriker Friedrich Gundolf (1880–1931) arbeitet er ein Profil des »deutschen Dichters« heraus, für dessen

Produktivität »ewiges Beginnen« und »Von-vorn-Anfangen« sowie »Nie-zu-Ende-Kommen« charakteristisch seien. Das »Vor-der-Form-Bleiben« gilt Zarek als hochgradig positives ästhetisches Kriterium. Mit einem Seitenhieb auf den französischen Romancier Gustave Flaubert (1821–1880), dessen Prosa als Inbegriff formaler Zügelung herhalten muss, erkennt Zarek schließlich im Formideal einen Widerspruch gegen das »Deutschtum«. Seine Darlegung gipfelt darin, dass er eine jede Ausrichtung an der Form als »blasphemisch« denunziert. Es kann nicht mehr verwundern, dass danach sämtliche Dichtungsattribute religiös konnotiert sind. Die mit hohem Stilbewusstsein gearbeitete Prosa Hesses im *Siddhartha* entgeht Zarek dabei vollkommen. Er billigt offensichtlich, dass sich Hesses Text eindeutigen Gattungszuweisungen entzieht: Als *indische Dichtung* im Untertitel ausgewiesen, von lyrischer Intensität getragen, kommt hier ein fern an den Bildungsroman erinnerndes Schema zum Tragen. *Siddhartha* ließe sich auch als Heiligenlegende beschreiben oder als Novelle, wenn man einer der finalen Visionen der Hauptperson den Rang des »Falkenpunkts« zuerkennen wollte. Diese Gattungsindifferenz imponiert Zarek als typisch deutsches »Vor-der-Form-Bleiben«. Die drohende dialektische Wendung seiner zugespitzten Argumentation pariert Zarek damit, dass er Form als allein aus der »Sphäre des reinen Geistes« hervorgehend zugesteht. An dieser Stelle wird besonders deutlich, worum es der Kritik zu tun ist – es geht um »Haltung«: »Erst in der Sphäre des reinen Geistes gibt es Gegensätze und Feindseligkeiten, erst in der Geisteslage gibt es Wesentlichkeit, Fremdheit, Eigenheit, Notwendigkeit, Entscheidung, Sinn! Nur weil Form: Folge dieser (weltanschaulichen) Haltung ist, nicht weil sie Selbstwert wäre, ist sie wichtig« (Michels 1976, S. 38).

Zareks Kritik führt vor Augen, wie ein zum Jargon gewordenes expressionistisch-aktivistisches Pathos über die Verabsolutierung weltanschaulicher »Haltung« zu einer Art heroisch-nihilistischer Dichtungslehre kommt, die schließlich mit einem diffusen Begriff von »Deutschtum« deckungsgleich wird. Bei Otto Zarek tritt indes nur besonders deutlich zu Tage, was den Hintergrund auch der anderen Rezensionen darstellt. Melchior Vischer beispielsweise feiert nicht die Abwesenheit von Form, er

Melchior Vischer

sieht darin ein Manko, das zu überwinden die deutsche Literatur beste Chancen habe. »Die deutsche Prosa ist noch wild und hat keine Tradition«, schreibt er am 15. Juli 1923 in der *Prager Presse* und stimmt darin mit Zarek überein, der diesen Zustand noch zu steigern wünscht. »Es gibt bei uns nie Prosadichtung, sondern bloß Prosadichter«, heißt es weiter (ebd., S. 43). Deren Ahnenreihe bewege sich von Martin Luther (1483–1546) über Johann Peter Hebel (1760–1826), Gottfried Keller (1819–1890), Thomas Mann (1875–1955) und Franz Kafka (1883–1924) zu Hermann Hesse, dessen *Siddhartha* den Fundus rarer deutscher Prosa um ein weiteres »echtes Prosabuch« erweitere. Vischers ästhetisches Ideal ist die lakonische Sachlichkeit, Musikalität der Sprache bedeutet ihm den Tod der Prosa. Ironischerweise beruft auch er sich auch Flaubert, der um das »Geheimnis der Prosa« gewusst habe.

Zarek und Vischer ließen sich demnach als die Antipoden unter den Kritikern des *Siddhartha* beschreiben. Wichtiger aber ist, dass sie beide in der Proklamation von »Haltung« als ästhetischem Kriterium für Produktion wie Rezeption übereinkommen. Vischer bezeichnet als eine herausragende Stelle der *indischen Dichtung* jene, die schildert, wie sich Govinda Siddhartha anschließt: »Es ist jene Stelle, wo berichtet wird, wie der junge Siddhartha die heimatliche Stadt verläßt, um auf die Wanderschaft zu gehen und in der Welt die Wahrheit zu suchen. Und als er schon bei den letzten Hütten der letzten Straße angekommen ist, tritt plötzlich sein Gespiele, Govinda zu ihm. Und hier sagt Hesse nichts anderes: ›Du bist gekommen‹, sagte Siddhartha und lächelte. – ›Ich bin gekommen‹, sagte Govinda« (ebd., S. 45). Es ist die fast wortlose Übereinstimmung, die Vischer schätzt und herausstreicht. Das Beispiel, das er dem Buch entnimmt, illustriert sein eigenes Prosaideal der Lakonie und »Sachlichkeit« und motiviert zugleich seine Anerkennung der stilistischen Eigenart Hesses. Begründungen gibt es weder für das eine noch für das andere, stattdessen kategorische Behauptung und affirmative Bestätigung.

In seiner Rezension hatte Otto Zarek 1923 eine verblüffende Definition des erzählerischen Realismus geliefert. »Realismus« sei »die Möglichkeit, alles, was ein Dichter an ideelichem Gut besitzt, in eine Gestalt hineinzusehen, so daß diese Gestalt für ihn glaubhaft und sinnkräftig spricht, handelt, ist« (Michels 1976, S. 39). So unhaltbar die Bestimmung in ihrer Allgemeinheit ist, so treffend bezeichnet sie doch den Stellenwert des realistischen Gehalts in Hesses *Siddhartha*. Elemente der Wirklichkeit dienen allein der Versinnlichung des »Ideelichen«. Von der zeitgenössischen Kritik wurde diese Absorption des Wirklichen durch das Symbolische einhellig begrüßt. Ästhetische Analysen erübrigten sich dementsprechend. Die Kritiken aus den Zwanzigerjahren markierten damit eine Position gegenüber Hesses Dichtung, die bis in die Gegenwart hinein auch die Sekundärliteratur bestimmt. Das Defizit an Analysen, die sich ausschließlich mit dem *Siddhartha* als einem literarisch-ästhetischen Kunstwerk befassen, ist auffällig.

Helmut Winters stilistische Analyse

Erst 1976 erschien mit Helmut Winters *Zur Indien-Rezeption bei E. M. Forster und H. Hesse* eine Untersuchung, in der die Funktion realistischer Erzählanteile im *Siddhartha* problematisiert wurde. Winters Beobachtung kann direkt auf Zareks Rezension bezogen werden, deren emphatische Realismus-Definition sie stilanalytisch wendet: »Die ›indische Dichtung‹ ist nicht nur zeit- und geschichtslos, sondern auch in einem solchen Maße stilisiert, was die Hauptfiguren und den Handlungshintergrund angeht, daß alles realistische Beiwerk nur oberflächliche Zutat ist und einem einzigen Ziel dient: der exemplarischen Vita einen lebendigen Rahmen zu geben« (Michels 1976, S. 275). Winter grenzt sich ab gegen die These des »magischen Realismus«. »Was Mark Boulby den ›magischen Realismus‹ dieses Werks nennt, ist in Wirklichkeit nichts als Wortzauber, atmosphärische Anreicherung des ›Weges nach Innen‹« (ebd.). Winter, der den Bekenntnis-Appell des *Siddhartha* distanziert betrachtet, kann dementsprechend die religiöse Tonlage, welche einer mimetischen Lektüre sakrosankt bleiben muss, zum Gegenstand stilistischer Analyse machen: »Das auffälligste ist die starke Rhythmisierung der Prosa. Die Wirkung, die dadurch entsteht, ist liturgisch, ritualistisch – man fühlt sich an die Sprache der Bibel erinnert. [. . .] Der Rhythmus religiöser Litaneien beherrscht namentlich den ersten Teil, der das Prinzip der Assonanz oft bis zur Selbstparodie treibt« (ebd., S. 276).

Mischung der Stilebenen

Auf der Grundlage seiner Stilanalyse kann Winter sodann die Verschmelzung »realistischen Erzählens und meditativer Reflexion« (ebd., S. 279) noch einmal würdigen. »Trotz des Nebeneinanders unterschiedlicher Stilebenen erreicht Hesse im *Siddhartha* eine Einheitlichkeit der Wirkung. Gerade der Verzicht auf durchgängig realistisches Erzählen führt zusammen mit der Stilisierung von Figuren und Hintergrund zu Symbolträgern den Roman über die Ebene der Fiktion hinaus; die rudimentären realistischen Elemente dienen allein der plastischen Hervorhebung einer poetischen Vision (und können deshalb nicht als Versuche, die äußere Realität widerzuspiegeln, angesehen werden)« (ebd., S. 277). Der Blick wird frei auf die aus literaturgeschichtlicher und ästhetischer Perspektive bedeutsame Tatsache, dass Hesses »Wahl eines indischen Themas [. . .] auch mit Lösungsversuchen für spezifische stilistische Probleme zusammenhängt, wie sie sich aus dem durch den *Demian* markierten Neubeginn ergaben« (ebd., S. 278).

Bei einer weiteren, die Hesse-Deutung beherrschenden Thematik kann Winter ein Resümee wenigstens andeuten: Er weist hin auf die »intensive Beschäftigung« mit Fragen nach dem Ausmaß der Beeinflussung durch Motive und Gehalte östlicher Religionen. Tatsächlich widmet sich ein Teil der Forschung der Diskussion, in welcher Weise sich Hesses *indische Dichtung* buddhistische und hinduistische Gedanken und Vorstellungen adäquat anverwandelt.

Synkretismus

Fragen nach dem Ausmaß des Synkretismus, also der Vermischung verschiedener Religionen bzw. einzelner ihrer Phänomene, im *Siddhartha* sowie die Abwägung, in welchem Grad Hesse östliche Spiritualität mit christlichem Gedankengut verschmolzen hat, sind dabei zentral. Winter stellt fest, dass die Forschung dazu neige, Hesse hierin einen »inkonsequenten Eklektizismus«, die unreflektierte Übernahme und Aneignung unterschiedlichster Glaubenssysteme, vorzuhalten.

Mit Winter lässt sich festhalten: Das transkulturelle Thema des *Siddhartha* hat dazu geführt, dass sich als Maßstab der Analyse ein Authentizitätsanspruch durchsetzen konnte, dem letztlich nur mit eingehenden religionswissenschaftlichen Untersuchungen entsprochen werden könnte. Der Hinweis darauf, dass es sich im Fall der fernöstlichen Religionen, insbesondere aber des Buddhismus, um Glaubenssysteme handelt, die selbst einen stark synkretistischen Charakter aufweisen, fehlt in den Untersuchungen, wäre aber entlastend. Die undogmatische, keine Exklusivität oder Prädestination voraussetzende Lehre entwickelte gerade dadurch starke Faszinationskraft für westliche Schriftsteller und Intellektuelle.

Im Folgenden werden drei Deutungen in ihren methodischen Ansätzen eingehender vorgestellt. Daran anknüpfend lassen sich mögliche Fragestellungen künftiger *Siddhartha*-Analysen aufzeigen. Die Darstellung Theodore Ziolkowskis identifiziert im *Siddhartha* Episoden sogenannter »Epiphanie«, die eine literaturgeschichtliche Zuordnung möglich machen (*Siddhartha – Die Landschaft der Seele*); die strukturalistische Analyse Robert Conrads isoliert in Hesses Text die Reinform eines allgemeinen okzidentalen Erzählschemas (*Hermann Hesse's »Siddhartha, eine indische Dichtung«, as a western archetype*), und Kamakshi Murtis Untersuchung zieht die Konsequenz aus den interkulturellen Analysen der *Siddhartha*-Forschung und stellt die auktoriale Rezeption als Voraussetzung der *indischen Dichtung* in den Mittelpunkt (*Die Reinkarnation des Lesers als Autor*).

»Epiphanie«

Den ersten konsequenten Versuch, *Siddhartha* literaturgeschichtlich zu verorten, unternahm der amerikanische Literaturwissenschaftler Theodore Ziolkowski 1965, im Jahr der Hesse-Renaissance. Ziolkowski hatte bereits 1961 einen wichtigen Beitrag zur Poetologie der Moderne geliefert, indem er James Joyces (1882–1941) Begriff der »Epiphanie« aufgegriffen und auf die Bedeutung der damit bezeichneten ästhetischen Struktur

Theodore Ziolkowski

für deutsche Prosawerke zwischen Impressionismus und Expressionismus hingewiesen hatte. Neben Hugo von Hofmannsthal (1874–1929), Robert Musil, Rainer Maria Rilke (1875–1926), Ernst Barlach (1870–1938) und Alfred Döblin hatte Ziolkowski in diesem Zusammenhang auch Hermann Hesse genannt. Der Begriff der Epiphanie war von Joyce in seinem frühen Werk *Ein Porträt des Künstlers als junger Mann* (1907–1914) zunächst unter Rückgriff auf Thomas von Aquin (1225–1274) erläutert und sodann zur poetologischen Theorie erweitert worden. Die Epiphanie bezeichnet demnach einen exklusiven Augenblick gesteigerter Wahrnehmung, in dem die profane Realität zurücktritt oder völlig ausgeblendet erscheint und der Protagonist eine »tiefere«, von der Oberfläche der Dinge verborgene Wirklichkeit erfährt. Die epiphanische Wahrnehmungssensation wird von Joyce aus dem Kontext religiöser Erleuchtung hergeleitet, sie behauptet sich aber als ein definitiv säkulares Ereignis. In seinem Aufsatz *Siddhartha – Die Landschaft der Seele* konkretisierte Ziolkowski dann seine Überlegungen am Fall der *indischen Dichtung* Hesses. Als Epiphanien bezeichnet er u. a. die sogenannte »Erwachens«-Szene, nachdem sich Siddhartha entschlossen hat, seinen eigenen Weg zu gehen (Kapitel 4); des Weiteren die Vision nach dem Verlust des Sohnes sowie Govindas Erleuchtung beim letzten Gespräch mit Siddhartha. Ziolkowski kommt zu dem Schluss, dass Hesse die »Entfaltung« der Seele Siddharthas entlang »geographischer Begriffe« entwickle, die sich ihrerseits bei der finalen Epiphanie als »Landschaft der Seele« im Gesicht Siddharthas widerspiegelten. Der Nachweis epiphanischer Momente als der eigentlich strukturbildenden Elemente der Dichtung führt Ziolkowski schließlich dazu, Gliederungen gemäß der buddhistischen Theorie (»Achtfacher Pfad« etc.) zu verwerfen.

Begriff der Epiphanie

Die Identifizierung der Epiphanien entzieht Hesses Werk den rein religionswissenschaftlichen Spekulationen und macht es überhaupt erst einer ästhetischen Analyse zugänglich. Es ist jedoch zu fragen, ob die Selbstverständlichkeit, mit der Ziolkowski die Visionen der Protagonisten im *Siddhartha* neben die Epiphanien der genannten modernen Autoren stellt, dem Sachverhalt gerecht wird. Es ist darauf zu verweisen, dass sich die

Epiphanie, wie sie bei Joyce, Musil oder Marcel Proust (1871–1922) auftaucht, durch eine radikale Subjektivierung der Wahrnehmung und des Zeiterlebens auszeichnet, die zum völligen Verlust jedes Allgemeinen führt. Die »Erleuchtung« als ein zwar privilegiertes, aber in jedem Fall systematisches Ereignis innerhalb der buddhistischen Heilslehre konfligiert mit der Plötzlichkeit, der Unberechenbarkeit und Perspektivlosigkeit, wie sie der epiphanischen Ekstase in den Werken der genannten Autoren eignen. Eine Differenzierung der Beobachtungen Ziolkowskis ist also notwendig.

Ein Kennzeichen der »Epiphanie« ist die Plötzlichkeit, mit der sie erfolgt und das Kontinuum der profanen Wahrnehmung durchschlägt. Zwar wird auch Siddhartha in gewissem Sinne »plötzlich« überwältigt, man kann aber nicht übersehen, dass seine Visionen geradezu programmatisch angebahnt sind. Obwohl sich z. B. Siddhartha ausdrücklich gegen das Ansinnen wendet, den Weg zur Erleuchtung am Leitfaden verbürgter Weisheiten zu verfolgen, bleibt sein Ausbruch im Bannkreis der Autorität des Buddha, der sein Handeln als das eines seinerseits Auserwählten vorab anerkennt. Überschreitung und Vereinnahmung werden somit in der Schwebe gehalten. Auf die Zeitstruktur übertragen heißt dies: Der exklusive Augenblick tritt nicht in Gegensatz zu einer profanen Zeiterfahrung, er qualifiziert vielmehr die vorausgegangene Lebenszeit als eine eschatologische, also auf ein Heilsereignis hin ausgerichtete Zeitspanne. Die für die moderne Literatur typische Exklusivität der Erleuchtungsmomente wird im *Siddhartha* insofern aufgebrochen, als sie sich zwar der Entscheidung des Helden für den eigenen Weg verdanken, diese Entscheidung aber immer schon kanonisiert ist durch die Weisheit und Weitsicht des Buddha. Pointiert gesagt: Siddhartha entfernt sich nie wirklich aus der Gefolgschaft des Buddha. Somit behalten seine Visionen stets exemplarischen und verallgemeinerbaren Charakter. Ziolkowski schreibt: »Andererseits wäre es auch müßig zu leugnen, daß diese Einheit [des *Siddhartha*, H. K.] nur erreicht werden konnte auf Kosten des erzählerischen Realismus, wie wir ihn normalerweise von einem Roman erwarten. Im gleichen Maße wie die Gestalten und der Schauplatz durch Hesses poetische Sicht soweit stilisiert wurden, daß sie abstrakte Begriffe darstellen können, so wurden auch Dialog und Handlung auf ihren symbolischen Gehalt hin reduziert – oder gesteigert« (Michels 1976, S. 157f.). Ziolkowski nimmt die Epiphanien von dieser symbolischen Überformung nicht aus. Nun ist aber gerade Auflösung jedes symbolischen Verhältnisses charakteristisch für die Epiphanie: Das in der Ekstase Erfahrene steht in keinerlei Bedeutungsverhältnis zu der Wirklichkeit, welche durch die Epiphanie aufgesprengt wird, und ist deshalb nicht verallgemeinerbar.

Verallgemeinerung der Epiphanien

Bezogen auf die ästhetische Signatur der Moderne lässt sich demnach feststellen, dass Hesses *indische Dichtung* die Umwidmung der epiphanischen Schau zum Ereignis mit Symbolgehalt betreibt und dadurch deren Verallgemeinerbarkeit erprobt. Besonders deutlich wird dies in der Schlussvision, wenn Govinda in Siddharthas Gesicht wie in einem Spiegel die ganze Welt und ihr Geschehen erfasst. Die Epiphanie wird hier zum ersten Mal nicht aus der Perspektive des Helden geschildert, sondern durch ein Verhältnis der Teilhabe dargestellt. Damit wird die Epiphanie vermittelt, ihre radikal subjektive Verfassung ist aufgehoben.

1922, in dem Jahr, als *Siddhartha* erscheint, wird auch Joyces *Ulysses* veröffentlicht; 1922 ist des Weiteren das Jahr, in dem Proust stirbt, dessen Romanzyklus *Auf der Suche nach der verlorenen Zeit* zu diesem Zeitpunkt bis auf die letzten drei Bände gedruckt vorliegt. Robert Musil hat ein Jahr zuvor den ersten Teil des *Mannes ohne Eigenschaften* sowie Teile der später *Nachlaß zu Lebzeiten* betitelten Kurzprosa herausgegeben. Das Jahr 1922 bezeichnet also eine Epochenschwelle der europäischen Literatur. Das ästhetische Repertoire der in diesem Jahr publizierten Werke, in denen die Epiphanie eines der wichtigsten Mittel ist, speist sich ganz und gar aus Erfahrungen der Vorkriegszeit. Die großen »Codices« dieser sozial exklusiven, weil von Angehörigen des Großbürgertums oder Absolventen der Eliteschulen eingebrachten Erfahrungen werden der literarischen Öffentlichkeit übergeben und schließen damit eine Epoche ab. Lässt man diese Überlegungen als Hintergrund gelten, wäre der *Siddhartha* als der Versuch zu lesen, den utopischen Gehalt dieser Erfahrungen der Exklusivität zu entreißen und in ein allgemeines existentielles Programm zu übersetzen. Damit würde Hesse mit seinem *Siddhartha* die Verallgemeinerung der Epiphanien betreiben. Diese Absicht lässt sich wiederum mit dem Druck erklären, den zu Anfang der Zwanzigerjahre das Auftauchen der »Masse« als politisch bedeutsamer Macht auf die Kategorien dichterischer Imagination auszuüben beginnt.

»Western pattern«

Robert Conrads strukturalistische Analyse

Robert C. Conrad bezieht sich in seinem Aufsatz *Hermann Hesse's Siddhartha, eine indische Dichtung«, as a western archetype* auf Leslie Fiedlers Buch *Love and Death in the American Novel.* Fiedler arbeitet darin den zentralen Mythos der amerikanischen Literatur heraus, wie er ihn am dichtesten in Herman Melvilles *Moby Dick* (1851) und Mark Twains *Huckleberry Finn* (1884) vorfindet. Der amerikanische stellt seinerseits eine Fortentwicklung des europäischen »Archetyps« dar, der aus Werken wie Daniel Defoes *Robinson Crusoe* (1719–1720), Walter Scotts *Ivanhoe* (1819), Charles Dickens' *Oliver Twist* (1838) und Robert Louis Stevensons *Die Schatzinsel* (1883) rekonstruierbar wird. Zentrales Ergebnis ist eine Art Strukturformel, die fünf handlungsbestimmende Elemente und Sequenzen vereinigt, welche den genannten Büchern gemeinsam sind: 1. ein männlicher Held; 2. eine Flucht, mit der sich der Held von der Gesellschaft absetzt; 3. das Entrinnen vor dem Tod; 4. Abenteuer in Einsamkeit und Abgeschiedenheit; sowie 5. das Finale, das durch die Abwesenheit von Frauen und eine Mann-zu-Mann-Beziehung charakterisiert ist. Wichtigstes Kennzeichen des finalen männlichen Doppels ist, dass einer der beiden Freunde stets ein unzivilisierter Wilder zu sein hat oder dass er sozial tiefer steht: In *Moby Dick* ist es der Harpunier Queequeg, in *Huckleberry Finn* Nigger Jim. Als weiteres Element stellt Conrad die Isolation des/der Helden heraus, die geographisch fast immer durch einen Fluss oder das Meer herbeigeführt wird. Auf die genannten Werke bezogen, sind die Szenarien der gemeinsamen Floßfahrt Hucks und Jims sowie die Reise von Ismael und Queequeg auf dem Walfänger Pequod anzuführen. In der deutschen Literatur,

Strukturformel

betont Conrad, kämen die *Winnetou*-Romane Karl Mays (1842–1912) der genannten Struktur zwar nahe, aber lediglich Hesses *Siddhartha* könne als vorbildlich für dieses archetypische Muster gelten.

archetypisches Muster

Conrad wird der Bindung von Hesses *Siddhartha* an C. G. Jungs mythotherapeutische Seelenlehre gerecht, die er selbst als Referenz nicht in Frage stellt. Jedoch verwendet er den Begriff des »Archetyps« im Sinne eines literarhistorischen »Patterns« (= Muster, Modell, Schablone) und entzieht Hesses Dichtung damit dem Bannkreis immanenter Interpretation. Der spezifisch »westliche« (oder abendländische) Charakter des Patterns wird allerdings nicht nachgewiesen. Und ebendarin liegt die Tücke, denn das bedeutendste Zeugnis eines männlichen Doppels findet sich im ältesten Großepos der Weltliteratur: dem assyrisch-babylonischen *Gilgamesch*-Epos vom Ende des zweiten Jahrtausends v. Chr. Es erzählt von der Freundschaft zwischen Gilgamesch und Enkidu. Einem Jungianer wäre es somit ein Leichtes, erneut einen ebenso universellen wie ahistorischen Archetyp im Ergebnis der Conradschen Analyse zu entdecken.
Auf Robert Conrads und mehr noch Leslie Fiedlers Beobachtungen bezogen, müsste also der spezifisch westliche Charakter des Patterns herausgearbeitet werden. Des Weiteren wäre einer Auffälligkeit an Conrads Liste von europäischen Romanen, in denen der Archetyp variiert wird, nachzugehen: Es handelt sich dabei ausschließlich um Werke, die als sogenannte Jugendliteratur die Rezeption der vergangenen zwei Jahrhunderte bestimmt haben: *Robinson Crusoe*, *Oliver Twist*, *Ivanhoe*, *Die Schatzinsel* etc. Conrads Hinweis rückt Hesses *Siddhartha* gar in die Nähe von Karl Mays *Winnetou*-Romanen. Hesses Bedeutung als Autor für ein jugendliches Publikum ist unumstritten. Die Erklärung hierfür wird oft in entwicklungspsychologischen Ursachen gesucht und auf einen religiös-metaphysischen Hintergrund projiziert. Wenigstens was den *Siddhartha* betrifft, könnte sich eine Untersuchung lohnen, die den exemplarischen Werdegang des Helden nicht allein auf ein allgemein menschliches Psychodrama und universelle religionsphilosophische Standards hin liest, sondern die rezeptionspsychologische Prägung in Rechnung stellt, wie sie die bürgerliche Lesekultur des 19. und

beginnenden 20. Jahrhunderts ihren jugendlichen Lesern angedeihen ließ.

Der Leser als Autor

Kamakshi Murtis rezeptionstheoretischer Ansatz

Kamakshi P. Murtis Buch *Die Reinkarnation des Lesers als Autor. Ein rezeptionsgeschichtlicher Versuch über den Einfluß der altindischen Literatur auf deutsche Schriftsteller um 1900* und Robert C. Conrads Aufsatz haben gemeinsam, dass sie die kulturelle Differenz zwischen dem *Siddhartha* und der religiösen wie der Gedankenwelt Indiens aufzuweisen suchen. Auch wenn Conrad dabei gar nicht erst auf Indien zu sprechen kommt, genügt es, dass er Hesses Dichtung auf einen »westlichen Archetyp« verpflichtet, wie er aus der europäischen und amerikanischen Erzählkultur des 19. Jahrhunderts zu rekonstruieren ist. Diese strukturelle Übereinstimmung, darf man folgern, schlägt den *Siddhartha* – unabhängig davon, welche exotische Haltung er pflegt – dem »Westen« zu.

Mit wesentlich mehr Nachdruck, auch Militanz, hat Murti den Unterschied zwischen indischer Spiritualität und ihrem Reflex in der europäischen Literatur der vergangenen Jahrhundertwende betont. Seine Untersuchung von Frank Wedekinds *Das Sonnenspektrum*, Lion Feuchtwangers *Vasantasena* und Hesses *indischer Dichtung* knüpft an Vridhagiri Ganeshans *Das Indienerlebnis Hermann Hesses* (1974) an, dem Murti den richtigen, die kulturelle Differenz betonenden Ansatz attestiert, ihm aber Inkonsequenz in der Durchführung vorhält. Murti radikalisiert den rezeptionstheoretischen Ansatz, indem er das Indienbild der deutschen Schriftsteller auf einen Lektüreeffekt reduziert: Aus dem Leser indischer Mythen wird der Autor »indischer« Literatur. Aber der Transfer, so Murti, gelingt nicht. Für ihn stellt *Siddhartha* eine gegenweltliche Idyllisierung dar, die den zeittypischen Bedürfnissen eines europäischen Literaten entsprungen ist. Indien, so Murti, sei für Hesse der Ausweg gewesen, der ihm sein vorübergehendes schriftstellerisches Unvermögen zu überwinden geholfen habe. Darüber hinaus verschärft Murti das Problem der kulturellen Differenz noch, indem er zu-

kulturelle Differenz

sätzlich die kulturellen Abhängigkeiten der wissenschaftlichen Interpreten Hesses zum Thema seiner Untersuchung macht. Indische Wissenschaftler behandelten die Quellentexte der *Veden* und *Upanishaden* als sakral, während sie von europäischen und amerikanischen Wissenschaftlern als Profanliteratur aufgefasst würden. Die in der Ethnologie längst problematisierte Determination der westlichen Forschungsperspektive, die einer aufklärerischen und emanzipatorischen Tradition verpflichtet und in ihren Wahrnehmungen entsprechend konditioniert ist, wird hier – auch im Zuge einer allgemeinen ethnologischen Sensibilisierung der Literaturwissenschaften – in die Hesse-Philologie eingebracht. Als Konsequenz daraus fordert Murti, dass in allen die indische Literatur betreffenden Fragen »die indische Interpretation als letzte Instanz« anzuerkennen sei.
Als Referenz für seinen Ansatz nennt Murti Roland Barthes (1915–1980) und Hans Robert Jauss. Es ist nicht einsichtig, weshalb er sich nicht auf Jean-Paul Sartre (1905–1980) beruft, der in *Was ist Literatur?* (1947) und später in *Die Wörter* (1964) als Erster den »Autor als Leser« zum Thema gemacht hat. Barthes, der Poststrukturalist, und Jauss, der deutsche Romanist, sind Sartre verpflichtet, sie verfeinerten seinen Ansatz. Der Einwand rechtfertigt sich vor allem deshalb, weil Murtis Analyse der kulturellen Differenz bei Sartre für die (kultur)politische Dimension seines Ansatzes Unterstützung hätte finden können. Der »Leser als Autor« scheint dessen ungeachtet für weitere Untersuchungen des Werks von Hermann Hesse ein viel versprechender Ansatz. Mit Walter Jahnkes *Hermann Hesse – Demian – Ein erlesener Roman* liegt neben Murtis Studie bereits ein weiteres Beispiel auktorialer Rezeptionsanalyse vor. Für *Siddhartha* wäre sie vor dem Hintergrund des »western patterns« noch einmal zu leisten.

Literaturhinweise

Dehorn, Walter: Psychoanalyse und neuere Dichtung. In: The Germanic Review. Bd. VII, 1932, S. 245–246 und S. 330–358. Erneut abgedruckt in: Urban, Bernd (Hg.): Psychoanalyse und Literaturwissenschaft. Tübingen 1973.

Weibel, Kurt: Hermann Hesse und die deutsche Romantik. Diss. Bern 1954.

Shaw, Leroy: Time and structure of Hermann Hesse's »Siddhartha«. In: Symposium. Syracuse/N.Y. 11, 1957, S. 204–224. Erneut abgedruckt (übers.) in: Michels 1976, S. 98–124.

Hilscher, B. E.: Hermann Hesses Weltanschauung. In: Weimarer Beiträge 4/3. Weimar 1958.

Ziolkowski, Theodore: James Joyces Epiphanie und die Überwindung der empirischen Welt in der modernen deutschen Prosa. In: DVjS, 35. Jg., 1961. H. 4, S. 594–616.

Boulby, Mark: Hermann Hesse, his mind and art. New York 1967.

Misra Bhabagrahi: An analysis of indic tradition in Hermann Hesse's »Siddhartha«. In: Indian Literature. 11, 1968, 2, S. 111–123.

Middell, Eike: Hermann Hesse, Die Bilderwelt seines Lebens. Leipzig 1972.

Ganeshan, Vridhagiri: Das Indienerlebnis Hermann Hesses. Bonn 1974.

Conrad, Robert C.: Hermann Hesse's »Siddhartha, eine indische Dichtung«, as a western archetype. In: The German Quarterly. Appelton/Wisc. 48, 1975, S. 358–369.

Hsia, Adrian (Hg.): Hermann Hesse im Spiegel zeitgenössischer Kritik. Bern/München 1975.

Michels, Volker (Hg.): Materialien zu Hermann Hesses ›Siddhartha‹. Zweiter Band. Die Wirkungsgeschichte in Rezensionen und Aufsätzen. Frankfurt/M. 1976.

Winter, Helmut: Zur Indien-Rezeption bei E. M. Forster und H. Hesse. Heidelberg 1976.

Khera, Astrid: Hermann Hesses Romane der Krisenzeit in der Sicht seiner Kritiker. Bonn 1978.

Pfeifer, Martin: Hermann Hesse – Der Steppenwolf – Siddhartha – Zum Verständnis seiner Prosa, Erläuterungen – Didaktisch-methodische Hinweise. Hollfeld 1984.

Michels, Volker (Hg.): Materialien zu Hermann Hesses ›Siddhartha‹. Erster Band. Texte von Hermann Hesse. Frankfurt/M. 1986 (Revidierte und erweiterte Fassung der Ausgabe von 1975).

Murti, Kamakshi P.: Die Reinkarnation des Lesers als Autor. Ein rezeptionsgeschichtlicher Versuch über den Einfluß der altindischen Literatur auf deutsche Schriftsteller um 1900. Berlin/New York 1990.

8.1 **Romain Rolland**: Französischer Schriftsteller (1866–1944), erhielt 1915 den Nobelpreis für Literatur. Orientierte sich an der Kunstauffassung Leo N. Tolstojs (1828–1910). Im Zentrum seiner (Künstler-)Biographien, Dramen und Romane steht die ethische Bewährung ihrer Personen und Protagonisten. Bereits anlässlich der Affäre um den französischen Hauptmann im Generalstab Alfred Dreyfus (1859–1935), der 1894 wegen angeblichen Verrats militärischer Geheimnisse an Deutschland zu lebenslänglicher Verbannung verurteilt und erst 1906 voll rehabilitiert wurde, sprach sich Rolland gegen Nationalismus und Chauvinismus aus; nach dem Ausbruch des Ersten Weltkriegs richtete er zahlreiche, den Frieden beschwörende Appelle an führende europäische Politiker. 1924 erschien Rollands Biographie über Mahatma Gandhi; die indische Religionsphilosophie beschäftigte ihn auch später noch.

9.1 **Brahmanen**: Mitglieder der obersten Kaste der Hindus, genannt nach dem »Brahman«: der alle Welten durchdringenden Kraft, an der die Brahmanen teilhaben und die sie zu ihren magisch-kultischen Handlungen befähigt. Die Brahmanen sind seit alters her Priester, Dichter, Gelehrte und Politiker; sie gelten als heilig und unverletzlich. Der Werdegang eines Brahmanen umfasst im Idealfall vier Stufen: die des Schülers (Brahmatscharin), die des Hausherrn (Grihastha), die des Waldeinsiedlers (Wanaprastha) und die des Asketen oder Bettelmönchs (Samnjasin, Bhikschu), der alle materiellen Güter aufgibt und sich ganz dem visionären Erleben des Brahman verschreibt. Die streng patriarchalisch bestimmte Kaste der Brahmanen besitzt das exklusive Vorrecht auf die Lehre und Pflege von Literatur und Wissenschaft.

9.3 **Salwaldes**: Auch Sala oder Sol, eine oft in lichten Gehölzen am Wasser wachsende Weidenart. Salahaine finden in den buddhistischen Schriften Erwähnung.

9.4 **Siddhartha**: Übersetzt: »Der sein Ziel erreicht hat«, Name des historischen Buddha (540/560 – etwa 480 v. Chr.). In seinem dreißigsten Lebensjahr verließ der von einem indischen Adelsgeschlecht abstammende Buddha Frau und Sohn, um sich vom Wohlleben abzuwenden und die Erlösung zu suchen. Sechs Jahre führte er ein Leben als Asket, suchte verschiedene Meister auf, gelangte aber trotz harter Kasteiung nicht zum Ziel. Buddha wandte sich darauf der Meditation zu; in Uruwela bei Gaja fand er schließlich zur Erleuchtung. Im Gazellenhain von Benares, der Hochburg der Brahmanen, predigte er erstmals vor fünf Asketen, die seine Jünger und die ersten Mitglieder eines in Folge gegründeten Mönchsordens wurden. Bis zu seinem Lebensende durchzog Buddha Nordindien, um seine Lehre zu verbreiten. Er starb nach dem Genuss von Schweinefleisch an der Ruhr.

Mit der Namengebung nimmt Hesse Bezug auf den historischen Buddha, dessen Erleuchtetheit Ziel ist, ohne dass der von ihm gelehrte Weg übernommen würde. »Während Buddha rein auf geistigem Weg nach sieben Jahren unter einem Feigenbaum sitzend die Erleuchtung erreichte, kehrt Siddhartha, der im Schatten des Feigenbaumes aufgewachsen und erwacht ist, in das weltliche Leben zurück« (Ganeshan 1974, S. 60f.).

Govinda: Name für Krischna (vgl. Erl. zu 127.6), wie er in den 9.5
Gesängen der *Bhagavadgita*, eines indischen religiös-philosophischen Lehrgedichts in 18 Gesängen (etwa 4./3. Jh. v. Chr.), auftaucht. Dort ist Govinda der Wagenlenker des Helden Arjuna, dem er in einer existentiellen Krise den Sinn des Lebens offenbart. Die Kernaussage betrifft die Bedeutung eines der jeweiligen Situation angemessenen Handelns. Krischna ist ganz Aktivität. Er allein vermag seiner ununterbrochenen, die Welten vorantreibenden Handlungen innezuwerden. Der jeweils Handelnde hingegen vermag dies nicht, er sieht sich allein auf das Beispiel Krischnas verwiesen und schickt sich in dessen Nachfolge. Dass Hesse Govinda den konventionellen Weg des Gehorsams gehen lässt, trägt der Notwendigkeit und dem Wert eines auf Nachahmung beschränkten Handelns Rechnung.

Om: Lautsymbol für die höchste Gottheit in den heiligen Tex- 9.15
ten der Hindus und Buddhisten; bedeutet »das Vollkommene«, die »Vollendung«. Seine Evokation dient in der mystischen Versenkung der Vergegenwärtigung des Absoluten.

Atman: Ursprünglich Atem (etymologische Verwandtschaft be- 9.20
steht!) und Atemkraft, dann Lebenskraft, das Selbst. Die indi-

sche Philosophie kennt verschiedene Varianten: Nach der ersten sind Atman und Brahman identisch, nach der zweiten sind beide bis zur Erlösung getrennt und vollkommen verschieden, nach der dritten ist Atman göttlicher Art, aber nicht mit dem Brahman identisch. In den *Upanishaden* (vgl. Erl. zu 12.5–6) und im *Vedanta* besteht das Erlösungsziel in der Vereinigung des individuellen Atman mit dem absoluten Brahman. Atman korrespondiert der westlichen Auffassung von Seele, allerdings ohne auf eine persönliche Wesenheit bezogen zu sein. Atman ist für den nicht in Yoga (vgl. Erl. zu 38.28) unterwiesenen Menschen allein im Tiefschlaf erfahrbar als rein kreatürliche, vegetative Teilhabe an den unbewussten Lebensrhythmen. Atman und Brahman stellen das zentrale Begriffspaar der komplizierten Dialektik dar, die sich aus der Vorstellung einer ersten Verkörperung oder Gestaltung der absoluten Wesenheit ergibt.

10.32 **Rig-Veda**: Sammlung vom Hymnen, ältester Text der heiligen Schriften des Hinduismus (etwa 1200–800 v. Chr.). Mit dem Veda (»Wissen«) beginnt die Geschichte der indischen Literatur. Ihre vedische Phase, die historisch geprägt ist von den Eroberungszügen der über die Pässe des Hindukusch einfallenden hellhäutigen Arier, dauerte von etwa 1500 bis 500 v. Chr. Jedoch gehören die letzten zehn Bücher des *Rig-Veda* schon einer Periode an, während welcher die Arier ihre Herrschaft weiter nach Osten ausdehnten und schließlich in der Gangesebene sesshaft wurden. In diese Zeit fällt die Entstehung des religiös-sozialen Systems, welches durch das Kastenwesen und den privilegierten erblichen Priesterstand der Brahmanen gekennzeichnet ist. Deren Monopolstellung bestimmt deutlich die spätere vedische Literatur, die zum rein ritualistischen Schrifttum wird: Es dominieren detaillierte Beschreibungen der zu einem umfangreichen Opferwesen gehörenden Handlungen. Der hymnische Charakter der zeitlich davor liegenden Texte sowie Philosophisches treten dadurch völlig in den Hintergrund. Dennoch bilden sich in den umfangreichen Texten dieser »spintisierenden Opfermystik« (Helmuth von Glasenapp) erste Ansätze zu Abstraktionen und Systematisierungen heraus.

11.15 **Prajapati**: Schöpfergott in der Mythologie des Veda. Im Gegensatz zur radikal pluralistischen Lehre, die eine Vielheit von für das Weltgeschehen verantwortlichen Wesen annimmt, sind die Schöpfungsmythen um Prajapati monistisch. Der »Herr der Geschöpfe« entlässt die Welt aus sich, indem er sie aus sich »herausschleudert«. Einen starken Monotheismus vermochten die Prajapati-Mythen nicht zu begründen. Sie wurden durch Erzählungen um die Gestalten von Vishnu und Shiva (vgl. Erl. zu 51.7) verdrängt.

Und wo war Atman [...] das allein Wichtige?: Durch den Katalog der Fragen, die sich Siddhartha bei seinem Nachdenken über Atman aufdrängen, wird bereits jene Dynamik dauernder Überschreitung angedeutet, die im Weiteren die Entwicklung des Helden beherrschen wird. 11.22–12.4

Upanishaden: Altindische Sammlung naturphilosophischer und mystischer Traktate; Anhangwerke zu den heiligen Texten der Veden, entstanden zu unterschiedlichen Zeiten und aus verschiedenen Lehren; teilweise noch während des Mittelalters verfasst, oft in der Form des Dialogs, der Diskussion oder des Redekampfs, an denen Priester, Adlige, Könige, aber auch Frauen teilnehmen. Zentral sind die Spekulationen um das Verhältnis von Brahman und Atman; das Interesse gilt der Darstellung einer All-Einheitslehre. In den *Upanishaden* taucht erstmals die Lehre der durch die Taten des Vorlebens verursachten und in ihrer Qualität bestimmten Wiedergeburt auf; sie dokumentieren einen geistesgeschichtlichen Prozess ähnlich dem der vorsokratischen Zeit; wie bei den Vorsokratikern ist die Überlieferung fragmentarisch, die Rekonstruktion der bedeutenden Veränderung des Denkens gelingt deshalb nur unvollkommen. Übersetzt erschienen die *Upanishaden* in Europa erstmals 1801/02: eine lateinische von Abraham-Hyacinthe Anquetil-Duperron (1731–1805) vorgenommene Übertragung unter dem Titel *Oupnekhat, i. e secretum tegendum*. Arthur Schopenhauer (1788–1860) bezeichnete das Werk als »Trost [s]eines Lebens und Sterbens«. 12.5–6

Samaveda: Übersetzt: »Wissen von den Melodien«; nach dem *Rig-Veda* der zweite Veda-Text, eine Auswahl von Hymnen des *Rid-Veda* die sich lediglich durch die Vortragsweise der Lieder unterscheidet. 12.6

Chandogya-Upanishad: Die neunte der zehn durch Sankara, einen der berühmtesten Philosophen Indiens (angeblich 788– 13.5

820), als echt anerkannten *Upanishaden*. Sankara stand in der Tradition des Gaudapada, der als Lehrer von Sankaras Lehrer Govinda gilt und als Erster die zentrale Einsicht des Buddhismus formulierte, das wahre Sein gründe im reinen Bewusstsein. Sankara suchte diese Auslegung als schriftgemäß zu erhärten sowie die Grundidee Gaudapadas, die besagt, dass der all-eine Geist durch Maya, den kosmischen Schein, in einer Vielheit erscheine, als den eigentlichen Inhalt der *Upanishaden* herauszustellen.

13.6 **Satyam**: Die durch den Schleier der Maya verhüllte Wirklichkeit. Indem Siddhartha Satyam beschwört, versucht er sich des Scheincharakters der Welt zu versichern und sein Bewusstsein auf Brahman, das göttlich Absolute (vgl. Erl. zu 13.22), zu richten. Eine orthodoxe Übung, die sein Fragen aber nicht stillt.

13.21–23 **»Om ist Bogen [...] man unentwegt treffen.«**: Der Vers beschwört die Ausgewogenheit zwischen passiver und aktiver Einstellung in der Kontemplation. Anders als in der abendländischen Philosophie werden Passivität und Aktivität nicht als Gegensatz behandelt. Das Lösen des Pfeils ist kein abruptes Ereignis, es soll Übergang sein aus der Latenz der Spannung und Bereitschaft.

13.22–23 **Brahman**: War ursprünglich ein Zauberspruch, bezeichnete später die dieser Formel innewohnende, alle Welten schaffende und erhaltende Kraft. In den *Upanishaden* ist Brahma(n) die Allseele. Um diese abstrakte Kraft für den Volksglauben annehmbar zu machen, wurde sie in einer männlichen, als Schöpfer und Lenker der Welt geltenden Gottheit personifiziert. Brahma(n) bildet mit Shiva und Vishnu eine Einheit in Dreigestalt, die sog. Trimurti.

18.24–28 **Siddhartha saß aufrecht [...] keine mehr waren**: »Die indische Psychologie kennt vier Modalitäten des Bewußtseins: das Tagbewußtsein, das des Schlafs mit Träumen, das des traumlosen Schlafs und das ›kataleptische Bewußtsein‹. Jede dieser Bewußtseinsarten ist mit einem besonderen Atemrhythmus verbunden. Mittels des *pranayama*, das heißt, indem er die Ausatmung und Einatmung immer weiter verlängert – Ziel dieser Übung ist es, ein möglichst langes Intervall zwischen diesen beiden Teilen des Atemvorgangs zu lassen –, kann der Yogin [...] ohne Unterbrechung vom Bewußtsein des Wachzustands in die drei anderen

Bewußtseinsarten übergehen« (Mircea Eliade: *Geschichte der religiösen Ideen*. Freiburg/Basel/Wien 1979. Bd. 2, S. 62).

Nirwana: Begriff, den Buddha zur Kennzeichnung des Heilsziels seiner Religion gebrauchte. Gegenüber allen Erscheinungen ist es ein ›Nichts‹, das nur negativ beschrieben werden kann, weil es keine Merkmale besitzt, die sprachlich erfasst werden könnten. Dem erleuchteten Denken eines Heiligen ist es als Mysterium zugänglich. Nirwana erlöst vom Kreislauf der ewigen Wiedergeburt und allen damit verbundenen Leiden. Insofern ist es diametral entgegengesetzt der Welt des Samsara (vgl. Erl. zu 67.13). Das *Udana*, eine Sammlung von Aussprüchen Buddhas, enthält das Nirwana betreffend eine berühmte Passage: 21.29

»So hab' ich es gehört: Einst weilte der Erhabene bei Savatthi im Jeta-Haine, im Klostergarten des Anathapindika. Damals aber belehrte, ermahnte, ermunterte und erfreute der Erhabene die Mönche durch eine Rede über das Nibbana (= Nirwana). Und die Mönche hörten die Rede aufmerksamen Ohres, indem sie achtgaben, es sich vergegenwärtigten und alle Gedanken zusammennahmen.

Da tat der Erhabene, nachdem er erkannt, was dies zu bedeuten hatte, bei jener Gelegenheit folgenden feierlichen Ausspruch:

›Es ist, ihr Mönche, jenes Reich, wo nicht Erde noch Wasser ist, nicht Feuer, noch Luft, nicht unendliches Raumgebiet noch unendliches Bewußtseinsgebiet, nicht das Gebiet der Nichtirgendetwasheit noch das Gebiet der Wahrnehmung und auch Nicht-Wahrnehmung, nicht diese Welt noch eine andere Welt, nicht beide, Sonne und Mond. Das, ihr Mönche, nenne ich weder Kommen noch Gehen noch Stehen noch Vergehen noch Entstehen. Ohne Stützpunkt, ohne Anfang, ohne Grundlage ist das; eben dies ist das Ende des Leidens.

Schwer zu sehen, wahrlich, ist das Nicht-Ich, nicht leicht zu begreifen ist ja die Wahrheit; überwunden ist der ›Durst‹ für den Wissenden; für den Schauenden ist nicht irgend etwas.

Es gibt, ihr Mönche, ein nicht Geborenes, nicht Gewordenes, nicht Geschaffenes, nicht Gestaltetes. Wenn es, ihr Mönche, dieses nicht Geborene, nicht Gewordene, nicht Geschaffene, nicht Gestaltete nicht gäbe, dann wäre hier ein Entrinnen aus dem Geborenen, Gewordenen, Geschaffenen, Gestalteten nicht zu erkennen. Weil es nun aber, ihr Mönche, ein nicht Geborenes, nicht Gewordenes, nicht Geschaffenes, nicht Gestaltetes gibt, darum läßt sich ein Entrinnen aus dem Geborenen, Gewordenen, Geschaffenen, Gestalteten erkennen.

Für das, was abhängig ist, gibt es auch Bewegung; für das, was nicht abhängig ist, gibt es keine Bewegung; wo keine Bewegung ist, ist Ruhe; wo Ruhe ist, kein Verlangen; wo kein Verlangen ist, ist kein Kommen und Gehen; wo kein Vergehen und Neuentstehen ist, ist weder ein Hienieden noch ein Jenseits noch (ein Etwas) zwischen beiden; eben dies ist das Ende des Leidens‹« (Karl Seidenstücker: *Pali-Buddhismus in Übersetzungen*. München 1923. S. 126. Zitiert in: Helmuth von Glasenapp: *Der Buddhismus – eine atheistische Religion*. München 1966. S. 241f.).

22.17–18 **heilige Vedas**: Auch Veden, Wedas; Gesamtheit der heiligen Texte der vedischen Religion. Am wahrscheinlichsten ist, dass der Hauptbestandteil in der Zeit vor 1000 v. Chr. entstanden ist. Es lässt sich nicht bestimmen, ob die ältesten Lieder bis 1250, 1500, 2000 v. Chr. oder gar noch früher verfasst wurden. Die Bedeutung der Veden für die Geistesgeschichte der Menschheit liegt darin, dass sie ›primitive‹ Denkweisen und Vorstellungen enthalten, die bei anderen Völkern verloren gegangen sind.

23.18 **Gotama**: Auch Gautama, Beiname des Buddha, den er ab dem Zeitpunkt seiner Wanderschaft als Asket führte. Er bezog sich damit auf ein altes indisches Geschlecht von Sehern und Wahrsagern. Der Beiname markiert auch den Zeitpunkt, von dem an Buddha keine Hilfe mehr von den Göttern annahm, sondern ganz aus eigener Kraft nach Erlösung suchte.

23.19 **Buddha**: »Der Erwachte, der Erleuchtete«, Ehrenbezeichnung des Begründers der nach ihm benannten Religion des Buddhismus; sein persönlicher Name war Siddhattha (altindisch Siddhartha, vgl. Erl. zu 9.4). Mit dem Namen Buddha ist eine große Zahl von Legenden, Anekdoten und Mythen verbunden. Seine Biographie wurde zu einer »dramatischen Legende in tausendundein Bildern« (Alfred Foucher) ausgestaltet. Sie begründen Buddhas Status als den eines Übermenschen und Heiligen: So fallen Buddhas Geburt, Erleuchtung und Tod auf denselben Tag des Jahres; Buddha soll über zweiunddreißig Ammen, als Prinz über vierundachtzigtausend Tänzerinnen verfügt haben. Bei Predigten, so heißt es, lauschten ihm Tausende, einmal bekehrte er achtzigtausend Dorfschulzen auf einmal. Sportlich geübt, mit mehr Kraft als ein Elefant ausgestattet, aller Alphabete kundig (der historische Buddha konnte wahrscheinlich nicht lesen und schreiben), vereinigte seine äußere Erscheinung zweiunddreißig Schönheitsmerkmale auf sich; sein Körper war goldgelb, eine sechsfarbige Aura umgab ihn, er verfügte über fünf Arten von Augen.

Bei aller Entrücktheit kann Buddha aber immer nur ein Vorbild sein. Er ist Wegweiser, ein Verkünder der Vollendung; es steht aber nicht in seiner Macht, diese zu gewähren. Die ältesten Quellen der Lehre Buddhas sind die in verschiedenen Sprachen überlieferten Lehrreden (*Korb der Lehrreden*); sie stellen keine wörtliche Wiedergabe der Reden dar, dürfen aber als inhaltlich konform gelten.

Rad der Wiedergeburten: Der leidvolle Kreislauf von Geburt 23.20–21
und Tod zu neuer Geburt und neuem Tod. Ausgelöst und fortgesetzt wird die Kette der Geburten dadurch, dass das Wissen um die Wahrheit fehlt. Aus dem Nichtwissen folgen Gier und Hass. Basis ist die Vorstellung einer totalen funktionalen Abhängigkeit aller Dinge und Wesen untereinander. Der Buddhismus unterscheidet nicht zwischen Substanzen, Qualitäten und Vorgängen, zwischen materiellen Ursachen und psychischen Bedingtheiten, sondern behandelt all diese Faktoren gleichermaßen als Realitäten, die in unauflöslicher Verflochtenheit die »karmischen« Transformationen bedingen. Das Karma ist die Summe der in einem Leben hervorgebrachten positiven wie negativen Willensregungen, welche auch nach dem Absterben eines Körpers erhalten bleiben und zum Kriterium werden, in welchem Rang und welcher Gestalt die Folgeexistenz in das Leben eintreten muss. Der intentionale Gehalt einer Willensäußerung wird unabhängig von deren »sachlichem« Ergebnis zum Keim eines strikt kausal-mechanischen Prozesses. Der Wissende aber erkennt die Blindheit vordergründiger Bedürfnisse, die den ewigen Kreislauf verursacht, und entledigt sich in einem langen und schmerzlichen Prozess dieser Abhängigkeiten. Sein Ziel ist es, die Wiedergeburt zu vermeiden und als Erleuchteter in das Nirwana einzugehen.

24.28 **Sakyamuni**: »Einsiedler der Sakya«, übertragen auch »Weiser Sakya«. Außerdem findet sich die Bedeutung »Asket unter den Sakya«. Gautama erhielt den Titel, nachdem er sich sechs Jahre lang strengsten Kasteiungen unterworfen hatte, sich nur noch von einem einzigen Hirsekorn pro Tag ernährte, zum Skelett abgemagert war und in seinem Aussehen an Staub erinnerte.

25.6 **Magadha**: Altindisches Reich, umfasste in etwa das Gebiet des heutigen indischen Staats Bihar; zugleich Wirkungsbereich Buddhas.

27.12 **Savathi**: Abänderung des Stadtnamens Shravasti; zur Zeit Buddhas Hauptstadt von Kosala in Nordindien, der heutigen Provinz Oud, Teil von Uttar Pradesch in der Gangesebene.

27.16 **Jetavana**: Park des Prinzen Jeta in der Stadt Shravasti (Savathi), den der Kaufmann Anathapindika dem Buddha zum Geschenk machte, der sich dort von Zeit zu Zeit aufhielt.

29.15 **es schien leise nach innen zu lächeln**: Das Motiv des Lächelns Buddhas stellt eine Prolepse (= Vorwegnahme) des »halben Lächelns«, das Buddha beim Gespräch mit Siddhartha zeigt (vgl. S. 36.1 und S. 36.7–8), und der Schlussvision dar, in der Govinda das Lächeln Siddharthas bemerken wird. Das Motiv des Lächelns taucht aber auch dazwischen immer wieder auf: Vgl. dazu S. 17.9, 21.6, 38.18–19, 48.21–23, 49.1, 49.17, 49.24–25, 50.21, 52.5, 53.35, 54.28, 72.6, 75.33, 81.12, 83.12, 84.15, 88.3, 89.31, 93.22, 94.26, 96.14, 98.19, 98.34, 99.16, 102.32, 103.34, 106.5, 107.29, 109.28, 109.29, 111.32, 114.19, 116.10–14, 117.25, 124.21, 125.16, 126.5, 126.8, 127.20–30, 128.8–9, 128.15. Im Lächeln löst sich die Starre des heroischen und ernsten Gesichtsausdrucks, der Unerschütterlichkeit und Unbeirrbarkeit anzeigt. Das Lächeln ist mimischer Ausdruck des Übergangs von einer Haltung zur anderen, oder es signalisiert die Bereitschaft zu einem solchen Übergang. Es zeigt die Möglichkeit der Veränderung und das Einverständnis damit an. Wenn die Grimasse den unmittelbaren Reflex auf einen Eindruck, die (Charakter-)Maske hingegen die Unerreichbarkeit für jeden Eindruck bedeutet, dann befindet sich das Lächeln ›in der Mitte‹ zwischen mimischer Auflösung und Starre. Es ist »Bewegung im Stillstand«, »nunc stans«, sinnliches Bild der Vereinigung des Gegensätzlichen. Darin korrespondiert es dem Motiv des Flusses, mit dem zusammen es in der großen Schlussvision erscheint (vgl. 127.19).

ahmte nicht nach: Auf Nachahmung beruht die Nachfolge; sie ist wichtiges Mittel, um zur Erleuchtung zu gelangen. Allerdings eignet ihr stets etwas Mechanisches und Fremdes, das zu akzeptieren einerseits als Demut anerkannt wird, das zu überwinden andererseits das Erreichen von Freiheit und Souveränität bedeutet. 29.22–23

die vier Hauptsätze: Auch die »Vier edlen Wahrheiten« genannt, die das Nichtwissen aufheben, welches in den Prozess der Wiedergeburt (vgl. Erl. zu 23.20–21) verstrickt: 1. Das Leben ist bestimmt vom Leid. 2. Seinen Grund hat das Leid im Begehren. 3. Das Leid kann überwunden werden. 4. Die Überwindung des Leidens gelingt durch ein ethisch bestimmtes Bewusstsein und eine asketisch-meditative Praxis. Die »Edlen Wahrheiten« sind das Kernstück der Lehre Buddhas; Buddha hat sie bei der ersten Predigt kurz nach seiner Erweckung in Benares verkündet. 30.29

den achtfachen Pfad: Bezeichnung für die Anleitung zum vierten Hauptsatz des Buddha. Die einzelnen Stufen des Pfades sind: 1. rechte Anschauung; 2. rechte Gesinnung; 3. rechte Rede; 4. rechtes Handeln; 5. rechte Lebensführung; 6. rechtes Streben; 7. rechtes Aufmerken; 8. rechte Versenkung. Auch »achtgliedriger Pfad« genannt, finden sich noch andere Übersetzungen mit leicht abweichenden Begriffen: 1. rechter Glaube; 2. rechter Entschluss; 3. rechtes Wort; 4. rechte Tat; 5. rechtes Leben; 6. rechtes Streben; 7. rechtes Denken; 8. rechtes Sichversenken. Buddha hat unablässig auf die acht Regeln verwiesen; entsprechend dem wechselnden Publikum erklärte er sie auf verschiedene Weise. 30.29

Sprach Siddhartha: Den argumentativen Verlauf des nun folgenden, äußerst wichtigen Gesprächs zwischen Buddha und Siddhartha, in dem der Held die Gefolgschaft verweigert, hat Hesse gründlich vorbereitet; im Marbacher Manuskript findet sich zwischen den Seiten 22 und 23 ein maschinenschriftliches Elaborat, welches die entscheidende »Lücke« in Buddhas Lehre isoliert. Hesse schreibt: »Gespräch mit Buddha: Buddha verkündet eine Lehre. Siddhartha stellt Fragen, die besonders dem Kausalitätsprinzip gelten. Es zeigt sich, daß Buddha das Kausalitätsgesetz eigentlich als einzige Realität anerkennt, es gibt sonst 32.35

nichts, kein Ich, kein Selbst, keine Realität. Nur eines gibt es noch: die Lehre. Diesen heiklen Punkt erfaßt Siddhartha, er stellt fest, daß hier eine kleine Lücke im System klafft, daß es unlogisch ist, im lückenlosen Netz der Kausalität dem Lehrwillen und Erlösungswillen Buddhas eine Ausnahme zuzugestehen. Buddha gibt noch keine direkte Auskunft, er lächelt, lehnt Antwort ab, spricht vom Dickicht der Meinungen, in das zu irren wertlos sei etc. Er fühlt aber genau, daß Siddhartha den gefährlichen Punkt berührt hat. Und er läßt, fast ohne Worte, erkennen, daß eben dies sein Geheimnis, seine Gnade, sein Wunder ist, daß die Erweckung, die Buddhaschaft als einziges die Reihe der Kausalität unterbricht« (Michels 1986, S. 287). Die Fortsetzung lässt einen weiteren Auspekt erkennen, den Hesse nicht in der Endfassung des Buddha-Gesprächs, sondern in dem die Dichtung abschließenden Gespräch Siddharthas mit Govinda (vgl. 123.20–34) thematisiert hat: die Wortlosigkeit der eigenen Erfahrung, eine radikale Sprachskepsis, welche die ›Lehrbarkeit‹ der Erfahrung negiert und sie an die wesenhafte Erscheinung bindet; dazu heißt es in der Manuskriptbeilage: »Dann fragt Siddhartha, ob ihm das Aeußern eines Zweifels, vielleicht einer neuen Wahrheit, erlaubt sei. Buddha gewährt. Siddhartha sagt, er glaube nicht recht an alle Lehren, wedr [!] die Brahmanen noch die Buddhas und der Asketen, denn alle dise [!] Lehren seien in Worte gefaßt und ruhten auf Worten. Er aber sei überzeugt, daß alles Denken durch Worte nur leide und entstellt werde, das richtige, echte, wesenhafte Denken gehe ohne Worte, ohne Abstraktionen, und sei schöpferisch, es bedürfe darum auch [nicht] der Mitteilung, sondern sei in sich selbst begnügt [!] wie die Sonne im Ausstrahlen« (ebd.).
Der darauf folgende Absatz zeigt, dass Hesse die Autorität Buddhas durch Siddharthas Zweifel nicht geschmälert wissen wollte: »Buddhas Heiligkeit und Ehrwürdigkeit steigt während des Gesprächs eher als daß sie abnähme, er ist zeitweise fast spöttisch, zeitweise fast ehrfürchtig dem Zweifler gegenüber, die Würde und Heiligkeit seines Wesens bleibt außer Zweifel« (ebd.).

38.28 **Yoga-Veda**: Eine von Hesse erfundene Veda, die in der Sammlung der Veden so nicht vorkommt. Patandschali (Patanjali), nicht zu verwechseln mit dem gleichnamigen altindischen Grammatiker, verfasste im 1. Jh. n. Chr. die Yoga-Sutren, eine Lehrschrift zur Erlangung der totalen Kontrolle des Körpers, um den Geist von diesem unabhängig zu machen. Die einfachste Begriffsbestimmung für den Yoga gibt Patandschali in der Einleitung: »Yoga ist die Aufhebung der Bewußtseinszustände.« Der Yogi übt sich die Bewegung seiner Seelen- und Verstandeskräfte »gefangen zu setzen« und in Unbeweglichkeit zu überführen; Ziel ist ein Zustand zeitlicher Ekstase: Nunc stans.

Atharva-Veda: Neben dem *Rig-Veda* die älteste Urkunde philosophischen Denkens der Indo-Arier. Eine in Sanskrit abgefasste Sammlung von Götterhymnen und Zauberliedern. Kulturgeschichtlich einzigartig, weil es sich um ein Dokument der magisch-animistischen Bewusstseinsform handelt, wie sie auch das frühgeschichtliche Denken bestimmte. 38.29

Er blickte um sich [. . .] in allem.: Theodore Ziolkowski hat diese Szene als »Epiphanie« im Sinne der poetologischen Theorie von James Joyce gedeutet (Michels 1986, S. 155); er betont dabei v. a. den »Eindruck des Strahlenden, den die ganze Schilderung hervorruft und der hier hauptsächlich durch Worte wie ›Blau‹, ›Gelb‹ und ›Himmel‹ entsteht«. Hesse bezeichnet in seiner Manuskriptbeilage ebendies »Strahlende« als die Form der Mitteilung des Wesenhaften (vgl. Erl. zu 32.35). 38.33–39.15

Zauber Maras: Wirkung des zwiefältigen Lebensgeistes, der für den Tod wie für den Eros (»Kama«) steht. Bevor Gautama die endgültige Erleuchtung erreicht, wird er von Mara, der durch die bevorstehende Entdeckung des Heils das Ende seiner Herrschaft kommen sieht, in der Meditation gestört und, nachdem dies nicht verfängt, großen Versuchungen ausgesetzt: Unzählige Frauen umringen den Asketen und suchen ihn zu verführen. Gautama-Sakyamuni widersteht und gelangt dadurch zur vollkommenen moralischen Reinheit, die ihn endgültig befähigt seine spirituellen Kräfte auf das zentrale Anliegen der Erlösung vom Leiden zu konzentrieren. Mara selbst ist nur bedingt »böses Prinzip«, denn auch er wird in ferner Zukunft zu bekehren sein und Rettung erfahren. 39.6

Schleier der Maja: Die Ursache dafür, dass der Mensch die göttliche Einheit der zu einer Vielheit entfalteten Welt nicht zu er- 39.6

kennen vermag. Umgekehrt ist Maya die göttliche Wunderkraft, welche diese Vielheit hervorbringt. Das Wort »Maya« wird in den heiligen Texten zunächst nur als Bezeichnung einer Urmaterie gebraucht, die in ständiger Veränderung begriffen ist. In den jüngeren *Upanishaden* spielt das subjektive Moment der Verblendung der Seelen dann eine immer bedeutendere Rolle. Die volkstümliche Version eines Maya-Mythos macht deutlich, dass sich die Maya im Kontrast von menschlicher und göttlicher (»Großer«) Zeit offenbart: »Ein hochberühmter Asket, dessen Name Narada ist, hat infolge seiner ungezählten Kasteiungen bei Vishnu Gnade gefunden. Der Gott erscheint ihm, gibt ihm die Verheißung, daß er ihm jeden beliebigen Wunsch erfüllen werde. Da begehrt Narada dies von ihm: ›Zeige mir die magische Macht deiner Maja.‹ Vishnu willigt ein; er winkt dem Narada, ihm zu folgen. Kurze Zeit danach befinden sie sich auf einem verlassenen Pfad, in glühender Sonnenhitze; Vishnu leidet Durst und bittet den Narada, einige hundert Meter weiterzugehen – in eine Gegend, wo eine kleine Ortschaft zu sehen ist; von dort möge er ihm Wasser bringen. Narada macht sich eilends auf, klopft an das Tor des ersten Hauses, zu dem er kommt. Ein sehr schönes Mädchen öffnet ihm. Er schaut es lange an – und vergißt schon, weshalb er gekommen war. Er tritt in das Haus ein; des Mädchens Eltern empfangen ihn mit der Hochachtung, die einem Heiligen geziemt. Und die Zeit verstreicht [. . .] am Ende vermählt sich Narada mit dem Mädchen. Er lernt die Freuden des Ehestandes kennen – und die Härte des Bauernlebens. Zwölf Jahre gehen dahin; drei Kinder hat Narada bereits; nach seines Schwiegervaters Tod wird er Eigentümer von dessen Anwesen. Doch im Verlauf des zwölften Jahres ergießen sich Wolkenbrüche – sie überfluten schließlich die Gegend. Eines Nachts sind die Herden ertrunken, das Haus stürzt ein. Mit einer Hand stützt Narada seine Gattin, an der anderen Hand führt er seine zwei Kinder, auf der Schulter trägt er das jüngste; so bahnt er sich durch die Wassermassen mühsam den Weg. Doch zu schwer ist die Last; ins Gleiten geratend, rutscht das jüngste Kind, stürzt ins Wasser – Narada läßt seine beiden anderen Kinder los, müht sich, das verlorene wiederzufinden. Doch zu spät ist es; zu weit abgetrieben hat es die Flut; während er das jüngste sucht, ver-

schlingen bereits die Wassermassen seine zwei anderen Kinder – kurze Zeit danach auch seine Frau. Narada selbst stürzt nieder; die Flut drängt ihn, der kein Bewußtsein mehr hat, weiter, als wäre er ein Stück Holz. Als er dann, gegen einen Felsen angetrieben, erwacht, erinnert er sich der über ihn hereingebrochenen Schicksalsschläge und bricht in Schluchzen aus. Doch da plötzlich vernimmt er eine vertraute Stimme: ›Mein Kind, wo ist das Wasser, das du mir bringen solltest? Ich warte schon über eine halbe Stunde auf dich!‹ Narada wendet den Kopf, und dann schaut er. Anstatt der alles verschlingenden Flut sieht er die menschenleeren Gefilde, brütend in der Sonnenglut. ›Nun, jetzt verstehst du doch wohl das Geheimnis meiner Maya?‹ fragt ihn der Gott. Offenbar vermochte Narada es nicht, zu behaupten, er hätte alles verstanden. Und doch war er eines Wesentlichen innegeworden. Er wußte nun: die kosmische Maya des Vishnu offenbarte sich im Reiche der Zeit« (Mircea Eliade: *Ewige Bilder und Sinnbilder. Vom unvergänglichen menschlichen Seelenraum*. Olten/Freiburg i. B. 1958. S. 89f.).
Dieser populären Maya-Mythe korrespondiert in umgekehrter Form die christliche Legende über den »Mönch von Heisterbach«. Der Mönch geht in den Wald, kehrt wieder in das Kloster zurück und muss feststellen, dass er einhundert Jahre abwesend war: Er wurde im Wald dem göttlichen Zeitmaß unterworfen, das die menschlichen Zeiträume als scheinhaft hervortreten lässt.

so verachtet er [. . .] und liebt sie: Umkehrung des Zeichenver- 39.18–20
hältnisses; nicht mehr verweisen die Buchstaben auf einen ›hinter‹ ihnen liegenden Sinn, sondern auf sich selbst. Die Inversion der Zeichenstruktur ist charakteristisch für die Ästhetik der Moderne. Als Erster hat der französische Dichter Stéphane Mallarmé (1842–1898) in seiner Lyrik die »Materialität« der Buchstaben thematisiert. In Siddharthas Wahrnehmung entspricht die Inversion der epiphanischen Erfahrung der sinnlichen Welt, die ihm nicht mehr bloß »Schleier der Maja« ist (vgl. Erl. zu 39.6). Die Buchstaben, die auf sich selbst verweisen, verweigern die konventionelle Bedeutungsstiftung, wie es ebenfalls Siddharthas Bewusstseinsstand nach der Ablehnung der Lehre Buddhas entspricht. Diese Verschränkung ästhetischer Elemente

der Moderne mit Momenten mystischen und religiösen Erlebens ist typisch für Hesses *indische Dichtung*. Die Passage ist von besonderer Bedeutung, weil der buddhistischen Weltverneinung die Anerkennung der diesseitigen Erscheinung mit Mitteln der Ästhetik entgegengehalten wird – freilich nur als Übergangsstadium.

39.30–31 **Schlange vor ihm auf dem Weg**: Das Gleichnis von der Schlange, die sich als aufgerolltes Seil entpuppt, hatte Bedeutung in der Erkenntnislehre der indischen Mythologie. Wahrscheinlich spielt Hesse darauf an, um die Szene auf subtile Weise in der Schwebe zu halten: Siddhartha will nur mehr die Welt der Erscheinungen gelten lassen (vgl. 39.18–20), die »Schlange« verwiese demgegenüber auf die Gefahr, dem Scheinhaften zu verfallen; die Einzigartigkeit der vorhergegangenen Epiphanie wird damit bereits relativiert.

44.1 **Wilhelm Gundert**: Hermann Hesses »japanischer« Vetter (1880–1971); lebte von 1909 bis 1920 in Japan, promovierte 1925 in Japanologie, wurde 1927 Leiter des Deutsch-Japanischen Kulturinstituts in Tokio, war von 1936 bis 1945 ordentlicher Professor für Sprache und Kultur Japans an der Universität Hamburg. Gundert gelang eine »geniale Verdeutschung« des *Bi Yän Lu* (Bernhard Zeller), der »Bibel des Zen-Buddhismus«.

45.1 **Kamala**: Anspielung auf den indischen Liebesgott Kama, auch Kamdewa, den Gatten der Rati (»Wollust«); er heißt auch Amanga (»körperlos«), weil Shiva, dessen Askese er durch Abschießen eines Liebespfeils gefährdete, seinen Leib verbrannte. Ikonographisch wird er als Jüngling – auf einem Papagei reitend, mit Bogen aus Zuckerrohr und einem Köcher, der fünf Blumenpfeile enthält (ähnlich dem römischen Amor oder Cupido), oder mit einem Delphin-Banner – dargestellt.

45.19–22 **Nun aber weilte [. . .] in kein Jenseits**: Bezugnahme auf die »epiphanische« Erkenntnis, in der Siddhartha zur Welt erwachte (vgl. 38.33–39.15).

49.12 **»das Baumbesteigen«**: Im (Lehrbuch des) *Kama-Sutra* die sechste von zwölf klassischen Positionen der geschlechtlichen Vereinigung.

50.34 **Kurtisane**: Die Mätresse der Renaissance, Geliebte vornehmer

Herren, im Gegensatz zur Prostituierten gesellschaftlich geachtet. Kurtisanen spielten sowohl als Gefährtinnen von Politikern und Künstlern als auch durch eigene Beiträge eine bedeutende Rolle im kulturellen Leben. Zentren des Kurtisanenwesens waren der päpstliche Hof in Rom und Venedig. Hesse verwendet die Bezeichnung offensichtlich in Ermangelung eines der indischen Kultur entstammenden Begriffs. Die indische »Bajadere«, deren Prostitution in kultischem Zusammenhang steht, entbehrt des dezidiert weltlichen Charakters, der die Kamala-Episode beherrscht.

Vishnus: Neben Shiva und der Großen Göttin (Shakti, Kali, 51.7
Durga) der beherrschende Gott des Hinduismus; sein Name wird als der »Durchdringende« gedeutet. Vishnu stellt als höchstes Wesen die letzte Wirklichkeit dar; er ist für die Akte der Schöpfung ebenso verantwortlich wie für die der Zerstörung. In dieser Ambivalenz durchdringt er sich mit Shiva; Vishnu gleicht die Zerstörungen der verkommenen Welt aus, die Shiva durch seinen Tanz herbeiführt, und wandelt sie in Auferstehungen. Allerdings wird auch Vishnu oft als wild, gefährlich, unverantwortlich und »verrückt« geschildert, in welchen Fällen ihn wiederum Shiva zu besänftigen vermag. Seine Hauptfunktion aber ist die Erhaltung der Welt. Diesem Zweck dienen seine Herabkünfte, die Avataras, anlässlich deren er in Gestalt verschiedener Wesen Ordnung und Recht wiederherstellt. Vishnus Inkarnationen erfolgten in den Gestalten eines Fisches, einer Schildkröte, eines Ebers, eines Mannlöwen, eines Zwerges sowie der Helden Paraschurama, Rama, Krischna und auch Buddhas. Die zehnte Herabkunft und Inkarnation in der Gestalt des Helden Kalki steht noch aus.

Über Vishnu und Shiva schreibt Hesse in einem Brief vom 2. April 1941 an Thomas Mann (1875–1955): »Die indische Mythologie, kindlicher und zugleich tapferer, läßt die Welt immer wieder von Zeitalter zu Zeitalter verkommen, verderben und ausgelaugt werden, bis Shiwa sie in Splitter tanzt und Vishnu, irgendwo auf der Wiese liegend, oder auf den blauen Wogen, lächelnd aus seinen Träumen eine junge, schöne, unschuldige und selige Welt werden läßt« (Michels 1986, S. 232).

Lakschmi: Göttin der Schönheit, des Glücks und des Wohl- 51.8

ergehens; Gattin des Vishnu, zu dessen Füßen sitzend, ihn massierend sie manchmal dargestellt wird.

54.25–30 **»In ihren schattigen [. . .] der schönen Kamala.«**: Gedicht Hermann Hesses.

56.30–31 **Kamaswami**: Anspielung auf »Kama«, den Liebesgott, wie bei Kamala. »Swami« bedeutet »Meister«, »Besitzer«.

65.11–12 **sterbende, leise Stimme**: Im Fortgang wird das Motiv der Stimme noch mehrmals auftauchen (vgl. 68.6–8, 70.17–20); in der Stimme artikuliert sich die Vergangenheit Siddharthas mit ihrem Anspruch auf Erleuchtung und Vollendung.

66.34 **Hetäre**: In der Antike das Pendant zur Mätresse der Renaissance. Auch die Hetären waren meist gesellschaftlich anerkannt und übten eine bedeutende kulturelle Funktion aus; es existiert eine umfangreiche »Hetärenliteratur«.

67.13 **Sansara**: Auch Samsara: die sich ewig wiederholende Erneuerung der Existenz mit all ihren Leiden; der Kreislauf der Wiedergeburt. Hesse setzte sich während der Unterbrechung der Niederschrift des *Siddhartha* intensiv mit dem Gedanken der ewigen Wiederkehr auseinander. Am 15. Februar 1921 entsteht das Gedicht *Media in vita*, das zunächst den Titel *Sansara* trug: Eine lyrische Meditation, darin heißt es: »Doch wisse: überall bist du nur Gast, /Gast bei der Lust, beim Leid, Gast auch im Grab – /Es speit dich neu, noch eh du ausgeruht, /Hinaus in der Geburten ewige Flut« (Michels 1986, S. 24).

69.32–33 **allzu laut lachte**: Das laute Lachen steht im Gegensatz zum Lächeln (vgl. Erl. zu 29.15); es gehört ganz der Gegenwart und der weltlichen Sphäre an.

70.1 **im Gesicht reicher Leute**: Gehört zu dem Motivstrang des Gesichts als Spiegel der spirituellen Befindlichkeit (vgl. 99.30–100.8, 126.23–127.31).

72.20 **bange Schrift gelesen**: Korrespondiert der Inversion der Buchstaben (vgl. 39.18–20), die, ausgelöst durch die Epiphanie, die Oberfläche der Welt erstrahlen ließ. Nun, da sich Siddhartha der weltlichen Sphäre wieder entfremdet, beginnt er die Erscheinungen zeichenhaft zu durchdringen. Er ›liest‹ in Kamalas Gesicht. Das Gesicht ist reine Bedeutung, Strahlkraft, Gegenwart; Siddhartha überschreitet es gemäß seiner sich anbahnenden Wandlung auf ein Jenseits – das des Todes. Die »bange Schrift« wird ihre Bedeutung erfüllen auf Kamalas »entschlafenem Gesicht« (vgl. 99.30).

Kamala besaß [...] von sich geworfen.: Das Motiv der mahnenden inneren Stimme (vgl. 65.11–13) wird hier mit dem Motiv des gefangenen Singvogels verbunden. Kamala hält im übertragenen Sinn Siddhartha gefangen: In der Psychoanalyse gilt der Käfig auch als Symbol der Vagina. Der Traum führt Siddhartha den drohenden Verlust der Stimme vor Augen, die ihn immer wieder an seinen Vollendungs-Wunsch erinnert hat: »›Weiter! Weiter! Du bist berufen!‹ Diese Stimme hat er vernommen, als er seine Heimat verlassen [...] hatte [...] Wie lange hatte er diese Stimme nicht gehört«, heißt es wenig später (74.28–33). Im Buddhismus haben alle Tiere, die einem Ei entschlüpfen, eine besondere Bedeutung: Sie werden – durch das Ei und aus dem Ei – zweimal geboren, folgen einer Logik der mehrfachen Überschreitung. Dem entspricht die Aufforderung der Stimme: »Weiter! Weiter!« Der Buddhismus vergegenwärtigt das Hinaustreten aus den Bedingungen von Raum und Zeit sowie der verschiedenen Bewusstseinszustände als ein Durchbrechen von Ebenen, Schichten und Gehäusen. Das Durchstoßen der Schale ist Inbild dieser transgressiven Dynamik. Auch hier wird die Durchsetzung eines religiösen Motivs mit einem Topos der modernen Ästhetik deutlich: Das Motiv der Überschreitung als solcher taucht explizit erstmals auf in den Gedichten Charles Baudelaires (1821–1867); Hesse ›respiritualisiert‹ die Transgression (vgl. 39.18–20). Zur weiteren Durchführung des Motivs der Vogelstimme vgl. 76.26–27, 85.2–3, 86.6, 86.22–23, 108.29. 73.25–35

Sie öffnete die Tür des Käfigs: In seinem Traum hatte Siddhartha seine innere Stimme und Kamalas Vogel in eins gesetzt; indem Kamala den Vogel freilässt, bestätigt sie den Bedeutungszusammenhang (vgl. 73.25–35). 76.14–15

Nein, es gab keine Ziele [...] die Torheit seines Tuns.: Im August 1920, kurz nach Ausbruch der Krise, beginnt Hesse ein Tagebuch zu führen; an dessen Anfang schildert er die Überwindung eines Selbstmordentschlusses: »Seit Wochen und Monaten liege ich nun immer im Bett, weil es doch so kalt ist, und weil sonst das Holz nicht mehr für den Winter reichen würde, und 77.22–78.25

weil man im Bett mehr Träume hat, und auch weil man sich doch schonen und Sorge tragen muß, um nicht allzu früh am Ende und verzweifelt und mit allem fertig zu sein, und überhaupt. Da steht heute der Fensterladen offen und ich sehe, daß es Sommer ist, und mein Bettliegen keinen Sinn mehr hat. Gerade heute, wo ich mir das Leben nehmen will, ist es Sommer, auf dem Fensterladen sitzt Polly, der Papagei, und singt, in den Bäumen unterm Fenster glänzen blank und schwarz die reifen Kirschen. Noch vor Stunden, vor meinem Einschlafen, habe ich den Entschluß gefaßt, heute unter allen Umständen und bei jedem Wetter das Bett zu verlassen, mich zu rasieren, Stiefel anzuziehen und in die Stadt zu gehen, in den dreckigen Laden in der Via triombo, wo der antiquarische Revolver für 40 lire zu haben ist. Nun, da Pollys Stimme mich geweckt hat, da die Sonne hoch und heiß am weiten Himmel steht, da kein Schnee liegt, da der durchsonnte Fliesenboden mir wohlig die Füsse erwärmt, nun vergesse ich den Entschluß, ich lasse ihn fallen, und sehe ihm zu, wie er fällt, wie er in ein Wasser untersinkt zu vielen anderen Dingen, anderen Entschlüssen, anderen Vergessenheiten, die ich zu andrer Stunde wieder rufen und aus der grünen Glastiefe hervorziehen werde« (Michels 1986, S. 9).

78.10–11 **Mit verzerrtem Gesichte [...] Gesicht gespiegelt**: Umkehrmoment der Motivkette »Gesicht«; schon bei den »Kindermenschen« hatte Siddharthas Gesicht Züge des Missmuts etc. angenommen, welche die »Geistigkeit« seines Gesichts beeinträchtigen (vgl. 69.33–70.3). Nun ist es zur Grimasse verzerrt; der Spiegel des Wassers weist aber bereits auf die Schlussvision hin, in welcher sich in Siddharthas Gesicht die ganze Welt gespiegelt finden wird.

84.12 **fiel sein Blick auf den Fluß**: Zu der Reihe wichtiger Motive: des Lächelns, des Gesichts, der Kindlichkeit, der Stimme und des Vogels, gehört auch das des Flusses. Theodore Ziolkowski schreibt dazu: »Der Fluß ist [...] ein Symbol für die Zeitlosigkeit [...] Bei Hesse wird das Symbol noch erweitert, um einen zusätzlichen Bereich miteinzubeziehen, der bereits im *Demian* vorweggenommen wurde und in dem es keine Polaritäten mehr gibt: die Ganzheit alles Seienden. Es ist ein Bereich der reinen Existenz, wo alle Dinge harmonisch miteinander und nebeneinander bestehen« (Michels 1976, S. 141f.). Der Fluss vereinigt die vertikalen Dimensionen der Versenkung und des Todes – Siddhartha wollte sich in ihm ertränken; der »alte« Siddhartha (vgl. 88.11) ertrinkt in ihm – mit der horizontalen Dimension des Fließens und der Veränderung. Hinzu kommt die Fähigkeit, alles in sich zu spiegeln und in einer bewegten Oberfläche zu verflüssigen. Des Weiteren das Geräusch des fließenden Wassers, das dem Lauschenden in seinem amorphen Rauschen Botschaften zukommen zu lassen scheint; es ist also auch, neben dem gespiegelten Gesicht und dem gespiegelten Lächeln, das Motiv der Stimme mit dem Fluss zu verbinden (vgl. 88.24–89.14).

Vasudeva: Auch Wasudewa. In der indischen Mythologie holt 90.26
Vasudeva das Kleinkind Krischna aus dem Gefängnis und trägt es über den Fluss, um es vor dem Tod zu retten; er ist also zum einen eine Christophorus (= Christus-/Gottesträger)-Gestalt, zum anderen wird sein Name mit dem Krischnas gleichgesetzt. Die figurative Beziehung zwischen Fluss und Fährmann wird in der Hesse-Forschung auf das Tao bezogen. Adrian Hsia schreibt in seinem Aufsatz *Siddhartha und China*: »Vasudeva ist die personifizierte, der Fluß die unpersönliche Verkörperung des Tao« (Michels 1976, S. 197). Hesse selbst gibt in einem Brief an Emmy Ball (1885–1948) vom 2. Juni 1922 humoristische und dezidiert profane Hinweise: »Mein Siddhartha lernt seine Weisheit am Ende richtig nicht von einem Lehrer, sondern von einem Fluß, der so komisch rauscht, und von einem freundlichen alten Trottel, der immer lächelt und heimlich ein Heiliger ist« (Michels 1986, S. 163). Und in den *Beschwörungen* vom Februar 1954 heißt es: »Als ich vor dreißig Jahren den ›Siddhartha‹ schrieb, habe ich bei der Gestalt des Fährmanns Vasudeva niemals an einen mir persönlich bekannten Menschen gedacht, und bestimmt nicht an Julius Baur. Und doch scheint es mir heute, ich sei in Baurs Gestalt einmal im Leben dem weisen Fährmann wirklich begegnet und sei nur zu unreif gewesen, um es zu merken. Alles, was wir erleben, kann ja Sinn gewinnen« (ebd., S. 250). Julius Baur war Mitarbeiter des Antiquariats Wattenwyl in Basel, in dem Hesse vom 1. August 1901 bis Februar 1903 arbeitete.

kein Freund der Worte: Weist voraus auf die Skepsis gegenüber 93.18

den Worten und Gedanken, die Siddhartha Govinda gegenüber äußern wird (vgl. 123.20–34).

95.11–12 **sein Leben zu erzählen begann**: Während Siddhartha und Vasudeva am Fluss immer mehr auf Worte verzichten lernen, bringt umgekehrt ihre Erscheinung die Rede der Reisenden in Fluss.

99.30–100.8 **Lange saß er [. . .] jedes Augenblicks.**: Vgl. 72.20–26; Siddharthas ›Lektüre‹ von Kamalas Gesicht steigert sich nun zur Vision der Gleichzeitigkeit. Auch Hesses Schilderung fügt sich damit in die literarische Tradition der Entrückungen, denen der Tod einer Frau vorausgeht.

100.32 **Kamalas Scheiterhaufen**: In Indien werden die Toten traditionell verbrannt, die Asche wird dem (heiligen) Wasser übergeben.

103.7–8 **daß Weich stärker ist als Hart**: Die Maxime bezieht sich auf das Motiv des Flusses. Im 78. Spruch des Laotse heißt es: »Auf der ganzen Welt gibt es nichts Weicheres als das Wasser. /Und doch in der Art, wie es dem Harten zusetzt, /kommt nichts ihm gleich. /Es kann durch nichts verändert werden. /Daß Schwaches das Starke besiegt /und Weiches das Harte besiegt, /weiß jedermann auf Erden, /aber niemand vermag danach zu handeln« (Adrian Hsia: *Hermann Hesse und China. Darstellung, Materialien und Interpretation*. Frankfurt/M. 1974. S. 242f.).

103.35–104.21 **»Frage den Fluß [. . .] damit abnehmen können.«**: Die schärfste Formulierung dessen, was man den ›kategorischen Imperativ der eigenen Erfahrung‹ nennen könnte.

111.25 **was eigentlich Weisheit sei**: »Weisheit« ist der zentrale philosophische Begriff. Weisheit stellt die Klammer dar zwischen Theorie und Praxis, Bewusstsein und Handeln. Bereits bei Aristoteles aber erscheint der Zusammenhang durch die Arbeitsteiligkeit der gesellschaftlichen Produktion gesprengt. Die literaturgeschichtliche Bedeutung des *Siddhartha* besteht auch in der Thematisierung des ›außer Kurs‹ gesetzten Begriffs der Weisheit mit Mitteln der Literatur.

115.1–116.8 **Siddhartha bemühte sich [. . .] Om: die Vollendung.**: Letzte Steigerung des Fluss-Motivs (vgl. Erl. zu 84.12); es handelt sich anfangs um ›synästhetische‹ Wahrnehmungen: Visuelles wird akustisch erfahren. Auch wird der Fluss deutlich zum vielstimmigen, d. h. epischen Fluss.

116.10–23 **Hell glänzte Vasudevas [. . .] der Einheit zugehörig.**: Vasudevas

Strahlkraft überträgt sich auf Siddhartha; dessen strahlende Erscheinung wiederum bemerkt Govinda beim gemeinsamen Gespräch (vgl. 125.21–26). Als charakteristisch für die Epiphanie bezeichnete Ziolkowski das »Strahlende« (vgl. Erl. zu 38.33–39.12). Es wäre deshalb zu diskutieren, ob Hesses *indische Dichtung* einer Bewegung von der apersonalen Epiphanie zur personalen Theophanie, also dem zeitlich begrenzten, den menschlichen Sinnen zugänglichen Erscheinen der Gottheit, folgt.

Er sah seines Freundes [...] lächelten die Vollendeten.: Govin- 126.23–127.31
das Vision ist rein visuell bestimmt, 16-mal wird auf sein Sehen verwiesen. Damit unterscheidet sie sich von der Entrückung Siddharthas (vgl. 115.1–116.8), bei der die akustischen Wahrnehmungen überwiegen und in der dieser fühlt, dass er »das Lauschen zu Ende gelernt habe« (115.25). Beide Visionen enden mit einer Erwähnung der »Vollendung«.

Krischna: Die achte Inkarnation des All-Gottes Vishnu. Ein 127.6
mythischer indischer König, von dessen Heldentaten und Liebesabenteuern viele Legenden handeln. Im zwischen dem 4. Jh. v. Chr. und dem 4. Jh. n. Chr. entstandenen Heldenepos *Mahabharata* wird etwa erzählt, wie Krischna als Wagenlenker dem Pandu-Prinzen Arjuna beisteht, sich zu erkennen gibt und den vor der Schlacht Zögernden auffordert, seine Pflicht als Krieger zu erfüllen. Die Ermahnung weitet sich zur ausführlichen Darlegung verschiedenster ethischer und metaphysischer Probleme. Den Höhepunkt bildet der elfte Gesang, in dem Krischna sich dem Arjuna in seiner unvergänglichen Gestalt zeigt; diese Szene gilt als zentrale Stelle innerhalb der *Vedanta*-Literatur.

Agni: Indischer Gott des Feuers, dessen Aufgabe es ist, das Op- 127.7
fer vom Altar zum Himmel zu befördern.

Tief verneigte er [...] heilig gewesen war.: Folgender Schluss- 128.14–17
absatz, den Hesse nicht zum Druck beförderte, findet sich handschriftlich unter dem maschinenschriftlichen letzten Absatz.

»Als nach dieser Schauung ein Jahr vergangen war, führte abermals sein Weg den alten Mönch Govinda zum Flusse und zur Fähre.

Ein junger Fährmann nahm ihn ins Boot, bezeugte ihm Ehrerbietung, erklärte sich freundlich bereit, ihn um Gotteslohn überzusetzen.

Govinda fragte, was aus Siddhartha, dem alten Fährmann geworden sei. ›Du kanntest ihn, Ehrwürdiger?‹ fragte der Fährmann freundlich. ›Wohl mir, daß auch ich ihn kannte! Von ihm habe ich gelernt, dem Flusse zuzuhören. Alles Gute habe ich von ihm gelernt.‹ ›Welche Lehren sind es, die er dich gelehrt hat?‹ fragte Govinda. ›Es sind keine Lehren, Ehrwürdiger. Siddhartha sprach wenig. Er hielt nicht viel von den Worten.‹ ›Ich weiß es. Und wo ist Siddhartha nun?‹ ›Er ist in die Wälder gegangen, ich durfte ihm nicht folgen. Aber ich weiß, daß er zu den Himmlischen eingegangen ist.‹ ›In Nirwana eingegangen?‹ ›Ich weiß es nicht. Du kanntest ihn, Ehrwürdiger? Sage, hast auch du ihn geliebt?‹ ›Sehr habe ich ihn geliebt‹, sagte Govinda. ›Außer meinem großen Lehrer, dem erhabenen Buddha, habe ich niemand so geliebt wie ihn.‹ Und er verbarg sein Gesicht in seiner gelben Kutte. Ende« (Michels 1986, S. 288ff.).